「考える」ということ

西洋キリスト教幽霊文明

堀江秀治

文芸社

目次

「考える」ということ

正直、どこから書き始めていいか迷っていた。それはある意味、私が「考え」てきたことの纏めでもあるからである。従って省略した部分も多い。

たまたま知人から借りた雑誌『クライテリオン』「政治と宗教を問う」のなかに「ウィトゲンシュタインと『言葉の魂』をめぐって」という特別座談会が載せられ、その表ページに次のような記載があった。

あらゆる悪徳がはびこる現代社会、その深淵には一人一人が言葉の魂を見失い、死物と化した言葉を口先で弄し続ける惨たらしい実情がある。如何にすれば人は魂を宿す言葉を交わし合うことができるのか――この問題に真摯に向き合い続けたウィトゲンシュタインの思想と哲学を語り合う。

私はこれを読んで思わず吹き出した。今や戦後八〇年になんなんとしているにも拘わらず、ＧＨＱの洗脳は相変わらず続いているという事実に。

どういうことかというと、戦後空っぽ頭の日本人（空っぽでない人は皆パージされた）は、ＧＨＱの敷いたパージされた教育制度の下で洗脳教育を受けていれば、自然、彼らの思考法を身につけることになる。そうしたパージされた思考法の基礎をもたされた学生の思考は、当然、西洋の方へ向かってゆく。そしてそれは世代間で継続されてゆく。つまり西洋的思考法に洗脳された頭が、西洋思想に走るのは当然だということである。なぜそうなるのかと言えば、今日の学校教育は日本人が国民として学ぶべき日本の古典を、まったくと言っていいほど学習していないからである。なぜならもはや読んでも日本人として分からぬ頭になっているのである。つまり日本人としての歴史、伝統がないのである。正直、この座談会を読んでいて「いったいこの人たち何人なの？」が私の気持ちであった。

このことは戦後の巨悪の一つが、ＧＨＱの洗脳教育に無自覚に加担した、「村」人

（農工商）によって構成された日教組だ、ということである、彼らによって日本精神は完全に破壊され、日本国民の西洋思想への植民地的精神依存としてのメカケ化の一つが、このウィトゲンシュタインに現れたのである。本来なら日本人は、日本人自身の頭で「考え」ねばならぬのが、精神的に西洋に依存せねば考えられぬ、つまり西洋猿マネ暗記ザル化した頭で「考え」ねば考えられぬ体質になってしまったのである。これはもはや事実上、自分の頭で「考える」ことができぬことを意味する。

さらに加えて、「考える」とは、いったいどういう状態を言うのかについても述べておく。

それは「生死を超えた価値基準でものを見る」ということである。他人に唆されての朝令暮改では「考えた」ことにはならない。西洋人は「私は考える」視点を「神の存在証明」の保証の下に成り立たせた。また戦前までの日本人は、『古事記』を基とする歴史と伝統との下に、天皇を現人神として、その保証によって「考えた」。だからマッカーサーは天皇に人間宣言をさせたのだが、武士の血を引くもの以外の「村」

人には、その意味がまったく分からなかった。それは福沢諭吉がもっていた「殺人、散財は一時の禍にして、士風の維持は万世の要なり」（『瘠我慢の説』）という「万世の要」の視点を「村」人は持っていなかった、ということである。つまり朝令暮改でよかったのである。その結果、戦後日本人は「考える」ことなく、GHQの旗振り役を担った日教組によって、西洋＝善、日本＝悪という洗脳教育によって、日本人の頭から日本的なものが抜き取られることになった。これによって日本人が、自らの精神的独立性を失ってゆくことになったのは、ウィトゲンシュタインに限らず、戦後日本の思想・言論界の糞も味噌も一緒くたの西洋思想の氾濫である。

それに対して私は、古来、日本人の「考え方」の一つである空（無）による思考法が、思想（言葉）に成らぬものであるのを、なんとか工夫して「歴史的古層」としたのである。その結論としてのものが、本書の含む意図である。

私が笑ったのは結論を先に言うことになるが、日本文明は生きている進化の言語を使用し、西洋文明は死んだ言語（死語）の下に成り立っている、という事実である（進化については擬態を考えればよい）。短絡化して言えば、ヒトは自然という生命進化の世界を、自己の価値の拡大のために、言語（価値）というメスで切り取った世界を生きているだけである。それが日本という島国においては、その自然がヒトを生かす源となっていたが故、それは八百万神となり、しかも日本民族はガラパゴス進化を生きてきたから、それをメスで切り取るというよりは、言霊（まだ言語化していない）として切り分けていたのである。従ってその生きた言語を、歴史的古層である肉体という進化を帯びた無に埋め込んできた日本語は、チャーチルに言わせれば、戦争における作戦変更を伝達するに向かぬ言語だ、ということになる。

それは私の既刊書『空（無）の思想』で、ヘリゲルが述べているように「日本人の論述は、その字面（じづら）だけから考えるならば、思索に慣れたヨーロッパ人の目には、混乱しているというほどではないにしても幼稚に見える」ことになる。それは生きた言語と死語との違いである。ユダヤ・キリスト教の言語は、進化のない砂漠という戦争・略奪社会から生まれたが故に、死語であるから扱い易いのである。

だからたとえば、カント、ヘーゲル、マルクス等（特にマルクス）は、その死語をもって体系化した死語思想を生み出すことになったのである。つまり西洋思想（特に今日のマルクスの亡霊）は自然という生をもたぬが故に、あらゆるものをメスで切り刻む進歩という死語思想の下に成り立っており、その進化のない進歩思想は死を撒き散らすことになったのである。

生命進化を私なりに説明すれば、今日の科学によれば、宇宙は無限かつ無を高速度で膨脹している四次元の世界であって、その膨脹が進化を生み出していると考えられる（四次元については、『空（無）の思想』において相対性理論と絡めて述べているので、ここでは触れない）。さらに進化は自然環境からの情報を、肉体（生命）の無に下降・蓄積させ、その「肉体のもつ大いなる理性」（ニーチェ）の下に、その肉体が思考した結果を、生の上昇を通して肉体を変異させるのである。つまり生命は肉体という無のなかを進化することによって生きている、ということである。それをヒトは、ある意味、変態的に変異をすることによって意識（「ある」）を生み出したのである。従ってその「ある」（存在）を、身心脱落という進化の逆行によって「サルないしは原ヒト」にまで至らせ、それを「無ないしは虚無」とした内の無が禅である。このことは無は禅だけによるものではないが、ただ禅が分かり易いというだけのことである。

これを別の視点から見れば、生命は（ヒトも）四次元世界を生きていることになるから、自らの四次元身体（無）から抜け出すことはできない。

日本人は地政学的、気候風土的に忠実にその四次元身体を生き、その中から進化した武士が国を統治（支配ではない）することになった。そしてそのことは、今日、武士の存在しない民主国家と称する日本は、統治者不在の退化した廃人による国家だ、ということである。

そしてこの「ある」をまったく曲解して、世界を滅茶苦茶にしたのがユダヤ・キリスト教文明である。呪われた文明と言ってもよい。


この「ある」（存在）を明らかにするには、四次元身体（無、歴史的古層）から「ある」を見上げるしかない（この見上げるという表現は、意識「ある」から見下げたのが無意識だ、ということを意味する。ここで後述するが、歴史的古層という私の造語思想について分かりにくいので、先に一言述べておく。それは禅における身心脱落〔進化の逆行〕による無に近いものであるが、その無ないしは虚無、あるいはサルないしは原ヒトから意識を見上げた視点が歴史的古層である。それは無とは異なるが、無同様、無意識とは対置する）。この「ある」は肉体（四次元身体）から進化によって意識として生まれたもので、それは三次元身体として時間、空間（三次元）とに分離された身体となる。別言すれば、四次元身体＋「ある」（進化によって生まれた虚構）＝三次元身体ということである。

　この三次元身体は「考える」ことはできても、それは進化によって生まれた虚構の「ある」が「考える」だけで、「私は考える」として「私」を主体とすることはできない。なぜならこの「私」「ある」を主体とすることは、肉体のない幽霊のような虚構の嘘つき人間を作るだけだからである。

　昔の日本人は嘘のつけぬ——彼らは肉体をもっており、肉体は嘘を（盗みも）できぬという——歴史的古層を生きてきたから、今も嘘というものが分からず、簡単に振り込め詐欺に引っ掛かるのである。それは武士でさえ「武士に二言なし」の世界を生きてきた。だから言葉の魂をもっていたのである。

それに比べて「私」をもつ西洋人の嘘つきの酷さは、歴史的にも様々なところに現れている。彼らはキリスト教を利用して、意識から肉体を抜き取ったが故に、肉体をもっておらぬのである。

それは古代ヨーロッパの食糧難に発する戦争・略奪社会が過酷であって、嘘をついてでも生き延びなければならなかったからであり、そのためには肉体のない「私は考える」でなければならなかった。

そこで彼らは「自分で神を作り出し、それに隷属する」というトリックの下に肉体（生）のない神を作り出した。それが後のデカルトの「私は考える、故に私はあり」に繋がるのであるが、どうしてもその定理の前提には、肉体をもたせるための神の存在の証明が必要であった。彼らユダヤ・キリスト教は砂漠の宗教（一神教）であるからして、日本のように八百万神を生み出せる自然のような根拠をもたなかった。

故に彼らは「ない」（無ではない）ところから、生き延びるためのインチキな（創作した）神を作り出さねばならず、そこに自己偽善という騙しのトリックが必要となった。そのトリックとは、四次元身体十虚構の「ある」＝三次元身体であるのを、四次元身体からその「ある」を切り離すという芸当を為し、それをインチキな「神の存在証明」によって、「ある」（存在）を主体とし、肉体を物質にまで貶めたのである（そんな西洋思想であれば、どんな惨事を招くかは想像がつこう）。それをニーチェは「主体（「ある」）は虚構（嘘）である」と言ったのである。西洋哲学が存在論などという埒（らち）もないものに現を抜かすのは肉体がないからである（ハイデガー）。

ここで古代ヨーロッパの食糧難がどんなものであったかを説明しておく。

それは『旧約聖書』の「創世記」にある「楽園喪失」に現れている。いわゆるアダムとエバの話で、彼らは裸で暮らしていたが、神に食べることを禁じられていた知恵の木の実を、悪賢い蛇に唆されて食べてしまうことによって、自分たちが裸でいることが恥ずかしくなるのである。そしてその罪として神はアダムに労働の苦役を、エバには出産の苦しみを与えると共に、ヒトに死を与えた。ちなみに蛇が悪賢いとされたのは、蛇は古来、森の守り神であり、それがノアの洪水によって失われたことを意味する。つまりこの「楽園喪失」の物語は、ノアの洪水で砂漠化し痩せた土地で人々が生きてゆくための避妊思想である。だからイエスは無生殖によって生まれたキリストなのである。それ故に西洋思想は、その根源に肉体（四次元身体）のない――主体が「ある」という虚構である――歴史的古層をもつことになった。

以上のことは、歴史的古層において西洋人の「私」には肉体がなく、日本人の〈私〉とはまったくの別物であることを示している（この「私」と〈私〉との区別はすでに『空（無）の思想』で行っている）。つまり西洋人とはフランケンシュタイン（幽霊）人間の別名である。彼らを自分らと同じ人間としか見倣せぬところに、戦後日本の白痴知識人の総出演が生じることになる。

たとえば、どうして日本人にこれほど民主主義が理解できぬのか、私にはしばらく分からなかった。それは西洋人が、肉体なきが故に、それに内在する群れ本能的価値をもたぬため、個人主義（ニヒリズム）による「ある」を主体とした嘘つき「ヤクザ民主主義」になるのに対し、日本人のそれは肉体をもった「村」人（農工商）の話し合いによる正直「白痴民主主義」だ、ということである。

それに日本でも本物のヤクザは組に纏まるが、「村」人は個をもたぬが故に集まるにしても、空っぽ頭だからばらばらになる。その結果として西洋の民主主義が二、三の政党に纏まるのに対し、日本「村」人民主主義は、実質、個としての主権をもたぬが故、アメリカヤクザ支配の下での雑魚政党の乱立状態になる。それでも日本人は長年「お上の下」にやってきたという歴史的古層があるから、アメリカヤクザの御墨付の下、自民党紐付き幕府、公明党親藩、その他雑藩から成る、自立のできぬメカケ民主主義とでも呼ぶべき、国家ともいえぬ代物になったのである。そして旦那から原爆を食らおうとも、「過ちは繰返しませぬから」と謝罪しておいて、国内のヤクザには平気で死刑を執行する、実に薄汚い国となった。要するに善人面して、ただ弱い者いじめをするだけの――朝日新聞などその典型――筋を通すということをしない卑しい国となった。そして私もかつては、三島の言う「『日本』はなくなってしまふのではないか」という彼と同じ立ち位置に立っていたが、今はそうは思わず、白痴から成る国は、「さっさとなくなればいい」と思っている。それはたとえば、『朝日ジャーナル知の逆襲第2弾「日本破壊計画」』という、いかにもメカケらしい頭には、日本がもうとっくにGHQ（日教組）によって破壊され、自らがその破壊されたメカケ頭で「考えている」に過ぎぬ、ということが分からない。これは実質もう「日本はなくなっている」ということである。

ところでここで言うヤクザとは、デカルトの「私は考える」の「私」は神を保証人としたイカサマ師（嘘つき人間）のことであって、そこから生まれた西洋イカサマ思想にコンプレックスを抱くとは、救いようのない国民とも言える。なぜコンプレックスを抱くのかといえば、日本人は歴史的に自分で「考えず」、外国から入ってくる思想をマネする歴史的古層を持つことによって、成り立ってきた国だからである。それを日本的に進化させ変異したものが日本文明である。それをなんでも外国の思想をマネすれば、彼らと肩を並べられる、と錯覚してきたのである。それを可能にさせたのは、東洋の思想には肉体があるからで、西洋のそれには肉体がないから、勝手の違うことが分からぬのである。西田幾多郎はここで躓いたのである。私が冒頭で笑った理由の一つもここにある。

話は変わるが今一つ言っておかねばならぬことは、ヒトはサルから進化したものであるから、サルの本能に基づく価値を生きざるを得ない。食餌、生殖、闘争、群れの四つの本能的価値である。従ってヒトは「考える」ことはできても、「私は考える」ことはできない。なぜなら、生命は（ヒトも）群れ本能的価値を生きているが故に、ヒトは単体で「考える」ことはできぬのである。そうであれば、西洋の「私は」はそこに神の意志が付与されているということであり、その神は自分らが作った神であることを考えれば、「私は」とは「神人である私は」ということである。つまり西洋思想とは、古代ヨーロッパが戦争・略奪社会であったが故に、そのイカサマ神の保証の下に成り立っている――実質、神人の作った――イカサマ思想に基づくヤクザ文明に成らざるを得なかったのである。

彼らの神は明治維新、武士たちが天皇を現人神としたのとはそこが違うのである。天皇はあくまで単なる神であって、武士は決して神人にはなれぬのである。

してみれば、ヒトが正しく「考える」ことのできるのは、あくまで進化における無

（空）に視点を置くことによってであって、無は禅によるものであり、また空は神道によるもので、自然という空と一体化することによって、空を四次元身体に下降・蓄積することによって成り立つものである。従って空に基づく神道には教義がなく、昔の日本人は空を体得したところでその自覚もなく、ただ神道と言っただけなのである。ただしこの空は空にもなるが、また容易に空っぽ頭にも成り得るもので、見分けの付け難いものである。従って何々神道というのは皆インチキである。

ちなみに私は晩年に至るまで、自分が空の思想を生きていることを知らなかった。だから禅に無を求めたのである。

武士については無か空かは明らかではない。

戦後、空っぽ頭の猿マネ暗記ザルのなかで、私が苦悩せねばならなかった理由は、そうしたことが分からなかったからである。

そうしてみれば、デカルトの神に保証された「私は考える、故に私はあり」の「私は考える」は、「神人が考える」ことになる。そうなると「故に私はあり」の「ある」

は、すでに主体となった神に保証された「ある」（意識）であって、もはや進化による虚構としての「ある」ではなく、彼らの主体「ある」はすでに生命進化をもたぬ幽霊化したものに成っているのである。この事実は主体としての「ある」（存在）を生きるヨーロッパ人の歴史的古層は、彼ら神人（幽霊）としての進化のない死語による進歩思想を生きることになる。これだけでも彼らの生み出すだろう惨状は予想できる。そうであれば、彼らは肉体が「ない」のに「ある」ことにし、それを主体として生きるが故に、この「ある」＝幽霊を無視できず存在論などと言い出したのである。だからハイデガーが問題視されるわけになるのだが、私は彼が「ある」の対照に置かれた無が、単なる「ない」としか理解できぬことに驚かされた。

これに関連して森鷗外がドイツに留学中、ドイツ人が死をあまりに恐れる――死を恐れぬのは野蛮人だという――のに驚いたと記しているし（『妄想』）、また私に軍務経験のないのは当然にしても、第一次世界大戦において、その書名は忘れたが（すでにどこかで記した記憶はあるが）ドイツ人戦没者の手記を集めた書籍のなかで、出征する日の朝、その兵士が庭で餌を啄んでいる鶏がどんなに幸福に見えたかを綴っているのに驚かされた。また森有正が推奨していたので読んだ、フランス人が記した『死』という部厚い本を読んだが、私にはさっぱり分からなかった。

さらにまたハイデガーに戻れば「死に対する先駆的覚悟性」などに至っては馬鹿みたいな話である。肉体のない幽霊を主体にすれば、死は恐ろしいのだろう。

私にとって死とは『徒然草』の「死は前よりしも来らず、かねて後に迫れり」を私なりに解釈し「死は前より来りし、かねて後に迫らず」であり、「一瞬一瞬の死」が生きることだと思っている。

なぜ西洋人がかくまで死を恐れるのかと言えば、死は肉体のない意識の問題ではなく、肉体そのもので、肉体そのものは空（無）であるから、それを悟っていた昔の少なからぬ日本人は死を恐れなかったのである。

これは後述するが、日本人は縄文時代の昔から生と死とを繋げて考えていた。

日本人は自然豊かな国に生まれたが故に、肉体をもった自然人として生きて来、肉体の生と死とは自然なものだと、歴史的古層においてそれとなく知っていた。

それに対して古代ヨーロッパは戦争社会であったから、その死の克服のためにキリスト教を導入し、神人（幽霊）として他者を殺すことは平気過ぎるほどになれたが、肉体をもたぬ神人の理性（日本人にはこれが理解できない）は死を解することができぬが故、それを恐れた。しかも神人である彼らの理性は、自分の死が怖いのなら、他者（特に非キリスト教徒）も怖いはずだ、という理屈が起こらない。彼らは死に対して極めて不公正であり、しかも神人の傲慢さから死を恐れぬ人間は野蛮人だとさえ言う。自らが死を恐れる野蛮人だという自覚がない。

　それに対し他者も殺すが、公正に自分をも殺す武士の切腹（たとえば三島）を野蛮だという。そして彼らはホロコースト、原爆を投下しても恬として恥じるところがない。いったいどちらが野蛮人であるか考えてみるがいい、と言ったところで肉体のない神人フランケンシュタインの理性は自らの論理性を誇りはしても、私に言わせれば、ただ「心」がないだけである。だから西洋思想は死語を用いて好んで人殺し思想を生み出してきた。民主主義、共産主義等、それがまた白痴の好物であり、戦後の日本人は西洋思想を猿マネすることによって死を恐れるようになった。

　日本人の死について『逝きし世の面影』で渡辺京二は次のようなことを指摘してい

る。むろん幕末から明治維新にかけてのことである。「カッテンディーケは言う『日本人の死を恐れないことは格別である。むろん日本人とても、その近親の死に対して悲しまないということはないが、現世からあの世に移ることは、ごく平気に考えているようだ。彼等はその肉親の死について、まるで茶飯事のように話し、地震火事その他の天災をば茶化してしまう』」と言い、またヴェルナーは「『日本人は死の訪れを避けがたいと考え、ふだんから心の準備をしているのだ』と、思わずにはいられなかった」と記している。

一寸、話が逸れるように思われるかもしれぬが、実は私は中学校、一、二年のとき同級の少女にカミを見た。むろん当時そんなことを私自身、知るよしもなかったが、私はその少女と口を利くこともできぬほどの畏敬を覚えたのである。むろん一度として口を利いたこともなく、一度だけ声を掛けられた記憶があるだけである。転校することになっても未練というようなものは一切起こらなかった。住む世界が違うのである。

その少女がカミだと教えられたのは晩年になって、ある宮司が著した著書のなかで、京都の大文字焼の三つの文字の内にある「妙」が少女のことであり、昔の日本人は少女にカミを見出していたのである。それは日本人が『古事記』がそうであるように、自然にカミを見ていたその歴史的古層は消えたわけではなく、少女という、こよなく若く美しい存在（自然）にカミを見るという感性は残されていたのである。その意味でも神道は自然神道なのである。

それを昨今、LGBT問題、男女平等、男子の育児休暇等で騒ぐ日本人を見ていると、つくづく腐っていると思わぬわけにはいかない。

戦後を鼻をつまんで生きた三島は「日本はなくなって、その代わりに、無機的な、からっぽな、ニュートラルな、中間色の、富裕な、抜目がない、或る経済的大国が極東の一角に残るであろう」と言っているが、その通りになった。今ここにあるのは、日本ではなくグローバルな或る未来のない経済国家であるに過ぎない。

ちなみにその宮司は「近頃、少女が少なくなりましたね」と記していた。そしてそれによって伊勢の斎宮の意味も、また神社の巫女が少女であることも理解し、私もまた自分が神道の道を歩んできたことを悟るに及んだ。

話が脱線したように思われるかもしれぬが、私は母の死について書くためこの一文を挿入したのである。つまり戦後の西洋猿マネ暗記ザルに、私の母への思いをマザー・コンプレックス（マザコン）と誤解されぬようにと。私にはマザコンのもつ支配力も受けねば、憎（ぞう）もない。

私はどうやら母にもカミ――だからそこにコンプレックスのような複雑なものはない――を見ていたのではないか、と思うのである。

何歳の時だか覚えていないが、私が初めて美しいと思ったのが母の容貌だった。むろん当時「美しい」などという言葉は知らなかったから、後になって言葉にするとそう言うしかないもので、それは言葉以前の問題だ、ということである。

古代日本人が言霊と呼んでいたものは、進化によって言葉が死語化してゆく以前の状態を表そうと、そうした表現をしたのではないかと思う。それに短歌を詠む私は、なんとなくそうしたものを感じるのである。

そんな私であるから、母の死を非常に恐れていた。その時がきたら自分はどうかなってしまうのではないかと。

しかし母の死はやってきた。私は火葬にも立ち会わなかったし、骨も拾わなかった。母の一生は平凡で、また現代女性が耐えられるようなものでもなかった。母への思いに幾分かそうしたものも含まれているかもしれぬが、意識としてはそうした性質のものはない。それに私が母への美しさを覚えたのは、それ以前の時のことだから。

ところが私は、母の死になんの悲しみも、涙さえ流さなかった。不思議だった。自分は自分が思ってもみないほど薄情な人間なのだろうかと。

その答は『クライテリオン』「日本人の死生観を問う」の『祖霊を感じる心』「死者と生者の交流の民俗」中尾聡史著にあった。その冒頭の部分を引用する。

日本人は死者を身近に感じながら暮らしてきた。

百千年にわたって継承されてきたその事実を我々は知らねばならない。

ラフカディオ・ハーン『心』

明治二十八年、日清戦争を終え神戸に凱旋してきた日本兵の列を眺めながら、ラフカディオ・ハーンは召使である万右衛門にこう話しかける。

「今夜は、みんなあの連中は、大阪か名古屋へ着くんだね。さぞかし、みんなラッパの音を聞いて、帰らぬ戦友を偲ぶことだろうね」

すると、万右衛門は真剣な顔をして、次のように反論する。

「西洋のかたは、死んだものは帰らないとおぼし召すでしょうが、わたくしどもはそうは思いません。日本人はだれでも、死ねばまた帰ってまいります。帰る道をみんな知っております。シナからだろうが、朝鮮からだろうが、海の底からだろうが、戦死したものは、みんな帰ってまいりました。へえ、みんな、もうわたくしどもといっしょにおりましてな、日が暮れますと、故郷へ呼びもどすラッパの音を聞きに集まってまいりますよ」

万右衛門にとって、死者はあの世の存在ではなく、この世の存在であった。死者を偲ぶのではなく、死者とともに生きているという実感が、万右衛門にはあった。これは、万右衛門に限った話ではない。日本人は、死者を身近に感じながら暮してきた。

日本人の死者と生者との交流の歴史は、百千年の問題ではなく縄文時代からのものである。田中英道著『日本国史の源流』において「三内丸山遺跡からわかった新事実」として次のような記述がある。

まず三内丸山遺跡では、墓地がたいへん重要な位置を示しています。それは集落内に、あたかも生者の住居と同等につくられており、生者と死者の共存のような形をとっているかに見えます。住居地の北、北盛土(もりど)の東側に、総延長四百二十メートルもの道路を挟んで墓地があるのです。

一方、最近の調査では、集落の西側にも、三百三十メートルにわたって墓が並んでいることが分りました。ともに大人の墓地で、死者たちは生者と同じように、そこに「住んでいる」のです。さらに、盛土に近いところに子供の墓地が別につくられ、子供の頃に死んだ者たちが特別に供養されています。

これらのことは、日本人が古来、自然をメスで生と死とに切り分けなかったことを意味する。そのことは日本人は一応、生と死との言葉はもったものの歴史的古層においては、事実上、生死の存在しない自然人として生きてきたから、ハーンの召使・万右衛門のような発想をすることになったのである。

それに対し砂漠の宗教ユダヤ・キリスト教には死しかなく、従ってイエスは生殖のない死から生まれ、死ぬことによって神になる宿命しかなかった。従って彼らはあらゆる生を殺す歴史的古層をもたざるを得ず、その殺す力で生き延びることになった。つまり死語を歴史的古層にもち、それは戦争、略奪、数学（生のない死語）に基づく破壊・欲望の形を取ったのである。それはデカルトのように自らの肉体をも殺し「私は考える」として生き延びるために「ある」に主体を置くことになった。従って彼らの歴史的古層には死しかないが故に、彼ら存在者「ある」の意識は死＝「ない」を恐れるのである。

母の死に戻れば、私は生死のない自然のなかを生き、それは既述のハーンの『心』とは逆ではあるが、私は死んだら「妣の国」へ帰るのだと無意識に思っていたから、悲しみを覚えなかったのだと納得がいった。私はかつて母と臍の緒で繋がっており、母の胸に抱かれ、母乳を吸ったという無意識の記憶（歴史的古層）が美しさを感じさせたのだと思う。

私がここにこんなことを記したのは、それが言葉以前の肉体の問題であり、それはたとえば、神風特別攻撃隊の搭乗員の多くが最後に口にした言葉は、「お母さん」だったと聞く。

それにしても戦後の「考える」能力を失った——無（空）という視点を欠いた——

知識人の言葉は酷(ひど)すぎる。話は逸れてしまうが、それは洗脳によって視点を失った故だが、男女平等は元より、なによりも気に食わぬのは、なんでも平和を口にすれば済むと思っていることであり、特に平和憲法である。これは西洋に洗脳されることによって、日本人が死に恐怖を覚えてしまったことによる恐死(きょうし)憲法を平和憲法と言い改えたごまかしに過ぎぬ、ということである。こうした「考える」視点をもたず、ごまかしをやっている限り、いつまで経っても西洋猿マネ暗記ザルから抜け出すことはできまい。

　話は変わるが私は大学へ行きたくなかった。それで母と一悶着起こしたが、結局、行くことになった。なぜ行きたくなかったかは、学校というところが、今でもそうであるが、意味も分からずただ猿マネ暗記させるところだ、と感じていたからである。学校などは小学校程度の、いわゆる「読み、書き、算盤」でよく、その外は『論語』の素読をさせ、後は自然のなかで遊び放題、喧嘩の仕放題にさせ、大人は遠くで見守っていればいいのである。『論語』を現代にそのままというわけにもゆくまいが、江戸時代その効果があったから素読が行われていたのである。そうであればこそ、個性ある野性児が生まれたのである。

今日のように暗記漬けの勉強では、金太郎飴のような若者しか生まれない。しかも今日の大学は学問の場というより、就職予備校の感が強い。というよりもはや、学問という言葉は死語と言ってもよい。

私は大学へ行きたくない学生だったから、成績は惨憺たる有様だった。私が学問に本格的に目覚めたのは六十歳位だったが、それは突然というわけではなく、それまで手掛かりがなく暗中模索していたのである。だから私の学問はまったくの独学である。それは『二宮翁夜話』（言うまでもなく金次郎。ちなみに彼の銅像が読んでいる本は『大学』である）の冒頭の一文のような学び方に近い。

一　翁日夫誠の道は、學ばずしておのづから知り、習はずしておのづから覺へ、書籍もなく記録もなく、師匠もなく、而して人々自得して、忘れず、是ぞ誠の道の本體なる、（略）天地の經文に誠の道は明らかなり、掛る尊き天地の經文を外にして、書籍の上に道を求る、學者輩の論説は取らざるなり、能々(よくよく)目を開(ひらき)て、天地の經文を拝見(はいけん)し、之(これ)を誠にするの道を尋ぬべきなり、……

私の学び方では、二宮のいう「天地の經文」とは自然であり、そこで「能々目を開き」とは肉体の無をもってすれば「誠の道の本體なる」は、進化によって自ずと「明らか」になると考えたのである。昔の日本人は彼のような学問の仕方をしていたのである。

私は彼の天地の経文という自然を、自己の肉体に置いただけである。そしてそこにおいて私は進化の逆行によって無に至るはずだったのが、ニーチェの「肉体のもつ大いなる理性」「肉体のなかに住む『本来のおのれ』」である虚無に陥ってしまったのである。これはキリスト教に深く入り込んでしまった結果かもしれない。ただし信仰としてではない。

ただ後に分かることであるが、私は日本人であるから虚無に陥ると言っても、それが当時の私には、ニーチェのそれとどう違うのか分からなかった。つまり私は彼の歴史的古層をもっていないことに。

が、とにかく私は難渋な虚無という地獄門をくぐり、『ツァラトゥストラ』と格闘し、次に記す文言に辿り着いた。

だから、君たちは生と大地にたいして怒るのだ。無意識の嫉妬が、君たちの軽侮の斜視（ながしめ）のなかにあるのだ。

わたしは君たちの道を行かない。君たち、肉体の軽侮者よ。君たちはわたしにとって、超人への橋ではない。

君はおのれを「我」と呼んで、このことばを誇りとする。しかし、より偉大なものは、君が信じようとしないもの――すなわち君の肉体と、その肉体のもつ大いなる理性なのだ。それは「我」を唱えはしない。「我」を行なうのである。

だが、感覚と精神は、道具であり、玩具なのだ。それらの背後になお「本来のおのれ」がある。この「本来のおのれ」は、感覚の目をもってたずねる、精神の耳をもって聞くのである。

こうして、この「本来のおのれ」は常に聞き、かつ、たずねている。それは比較し、制圧し、占領し、破壊する。それは支配する、そして「我」の支配者でもある。


戦後の西洋猿マネ暗記ザルは、西洋人が肉体をもたず、その肉体のないフランケンシュタイン（幽霊）理性で書かれたニヒリズムの書物を有難がって読みマネし、行動する。所詮、ニーチェに言わせれば末人（まつじん）の世界であり、そんな末人にどんな未来があるというのか？

そのことは、たとえば書物ではないが、ピカソの絵などまさにフランケンシュタイン人間が描いたものだから評価されるのである。私にとってはただのゴミである。

ところで「考える」ということは、ヒトにとって一番厄介な問題である。つまり肉体そのものは「考えず」、進化することによって初めて肉体が「考える」からである。そうしたことが肉体の無のもつ進化であり、「考える」ことなのだが、西洋人にはそれが分からない（今は日本人にも分からなくなっている）。そしてその肉体をもつヒトは、進化の逆行によって「サルないしは原ヒト」または「無ないしは虚無」へと至るのである。禅は無であるから問題はないが、虚無は無とは異なり、言語をもった無という互いに相容れぬが故の狂気の世界だから大問題なのである。どうしてそのようなことが起こるのかと言えば、西洋人（私は例外）は個人主義という虚無主義（ニヒリズム）を生きているから、進化の逆行によっても無に至らず、虚無に陥るのである。個人主義とは、本来ヒトが肉体にもつべき群れ本能的価値が破壊されたものであり、その破壊が生み出した戦争、略奪、また数学に基づく破壊・欲望の——それらは彼らが虚構の主体＝「ある」の世界を生きることによって生まれ——進化のない死語の歴史的古層を生きている、ということである。ニーチェの言う「ヨーロッパのニヒリズム」とは、その陸でもないものであったがため——日本のように集団主義（群れ本能的価値）が取れぬため——虚無という無でありながら同時に、戦争、略奪、破壊、欲望といった有の意志を歴史的古層にもつが故に、彼らは生命（ヒト）として成り立ち得ぬ狂気の世界に、進化の逆行によって置かれることになったのである。そしてニーチェはまさにその狂気に陥ることになった。

私がそこから「逃げ得た」のは、次のように説明することができる。

ちなみにニーチェの狂気を梅毒のせいにするのは――事実そうだったにしても、それは「考える」能力のない人間のすることで――そも「考える」ということが、どういうことか分からぬから、梅毒でケリを付けるのである。

私の言う「考える」とは、そうではなく虚無に陥った人間が、彼のような暗黒の狂気に陥る可能性が「ある」か「ない」かを考えることである。

そして私は十分あることに行き着き、彼が決して特殊であったわけではなく、多くの無名の西洋人が、彼と同じような暗黒の狂気に陥っている可能性のあることに辿り着いた。だから彼らは本能的に無神論を恐れるのである。そしてその暗黒の狂気は、ヒトが肉体による激痛から意識不明に陥るように、彼の場合はそれが精神の激痛による精神の死だということである（その経験をもつ私は、それがいかほどのものであるかを、想像できる）。

それは彼同様、キリスト教ニヒリズムを生きる西洋人には十分起こり得ることである。ニヒリズムを生きるとは、彼らの歴史的古層が――神に保証された戦争、略奪、破壊、欲望から成る――有の意志をもつが故に、進化の逆行が起こっても、無ではなく虚無に陥るのである。そうであれば彼らの歴史的古層に宿る神の意志から自由になり、虚無ではなく無に至る――ニーチェが仏教に引かれた理由はそこにある――ことは絶対にできない。そこにニーチェのキリスト教への激しい憎悪の一因がある。

それに対して、私の虚無がかなり長期ではあったにせよ、最終的に日本人であったが故に、比喩的表現を用いれば、無から虚無へ向けて光を放ち、その反射してくる言語を、無の内に取り込むという歴史的古層の思想を作り得たのである。それは別言すれば無に「逃げ得た」、ということでもある。

この歴史的古層（肉体に基づく生死を超えた価値基準）のもつ意味は大きい。なぜならヒトの主体は虚構であり、外部からの情報（言語＝価値）によって、自分が成り立っている存在であるから、確実な情報によって自分を成り立たせれば、判断に迷いもなく、自分の判断に自信が持てるからである。私がいまだに日本人がGHQの洗脳下にある、という判断もそこから生まれたものである。

ところで今日、スマホ依存なるものが生じたのは、私の場合とは逆に、不確実にして多量な情報を取り入れることによって、自分の主体がどこにあるのか分からなくなり、自分が成り立たなくなるからである。その結果、不安になり、またスマホに依存することになる。これはある種の進歩病である。


「無ないしは虚無」をそのように私は解釈したが、今一つ「サルないしは原ヒト」の問題が残っている。つまりサルから（原）ヒトへと、どのように進化したかという問題である。

本書冒頭「ウィトゲンシュタインと『言葉の魂』をめぐって」で思わず笑ったことの一つには、ヨーロッパ人が『聖書』（「ヨハネ福音書」）に「はじめにことばがあり、ことばは神のところにあり、ことばは神であった」であるからして、彼らは言葉以前の世界を考えてみようともしない。彼らは生きた自然をもたぬから、言語以前の進化のない死語をもって生の世界を殺し――つまり神人という自らの言葉で生の世界を殺し――それで覆ったそれしか知らない。つまりそれは文法などという法で、その言葉である生きた自然の言葉をも規整する、言い換えれば、彼らは生を知らぬから数学によって生を破壊し、そこから欲望を取り出すことになったのである。そんな思考しかできぬ西洋人に言葉の魂など無縁だろう。それに西洋（日本も含む）の化け物都市に魂などというものがあろうか？　死語の世界だから可能なのであり、彼らの理性に魂はなく死語の世界であって、それは「肉体のもつ大いなる理性」がない（生がない）ということである。だからＡＩなどという肉体のない人工知能が生み出せるのである。つまりホロコースト、原爆投下、共産主義、さらにはＬＧＢＴ、男女平等などは、彼らが肉体のない死語の世界を生きている証なのである。そんな彼らの言葉に魂など宿っているわけがない。いずれ人間の肉体生活（生）はＡＩに支配されることになるだろう。スマホ依存などはその兆候である。

言葉の魂とは、言葉が言葉になるまでの、そこに至るまでの進化の歴史（歴史的古層）があって魂なのである。だから古典を読まなければならぬのである。しかしそれを読んでも分からぬのは、それが単に古語というばかりでなく、言葉の魂が理性（意識）にあるのではなく、肉体（生）に内在するものだからである。その肉体のもつ生が西洋を猿マネする戦後の日本人には分からない。

さらにヒトがサルからどのように進化し、言葉を身につけたかを考察する必要がある。そこに生に基づく言霊があり、言葉の魂がある。

サルは進化の肉体を生きるが、歴史的古層はもたない。代わって本能を生きている。それが進化によって、肉体から時間化・空間化された「ある」が生まれた。だがそれはまだ、夢のように（現実になる以前の実在のように）現れては消えするものであった。が、それも時間とともに、空間を伴うことによって、やがてその「ある」の世界は茫洋としたものではあっても、認識と感ぜられる段階に入る。しかし、それはいまだはっきりとしたものと言えるものではなく、現れては消えしてゆく夢のようなものに過ぎなかった。そしてその現れては消えするものは、やがて意識「ある」として世界らしきものとして認知（価値化）され（それもあくまで夢のような世界であって、現代人の意識とは異なる）、それは進化を通して肉体内にサルの本能に代わって歴史的古層の基礎を作り、そこに世界（価値）の情報源として情報（価値）が下降・蓄積されてゆくと共に、そこからまた進化である生の上昇として、その夢としての世界の「ある」の認識（価値）を、言霊以前に置き替えることによって、より鮮明にしてゆく。そしてさらにそれが「認識」として意識（と同時に歴史的古層）のなかに、夢の「ある」（価値）を言葉として存在、定着化させることによって「現実」の一歩手前の言霊の世界として働き出す。

その認識の過程を日本で言えば――西洋は日本のような零からの文明ではないから、それはない――、まずヒトに恵みを与えてくれる自然の神々の世界（言霊の源）として基礎づける。と同時に群れ本能的価値を生きるヒトは、言語（価値）を通してその神々を共同体的な夢のような世界として共有認識する。

この辺りのことが『古事記』の初期の段階であり、その過程において、いまだ言霊の世界にある縄文式土器という異形なものが生み出されたのである（この縄は言うまでもなく蛇である）。

　さらに進化がすすむと神々の、言語によるその夢のような世界は、言霊からの距離を取りはじめ人間を取り囲み、それがそのまま今日の夢としての「ある」＝「もの」＝価値＝言葉の世界を映し出し、それが定着化された夢としての社会的意識の壁となって認識（価値＝言語化）された世界を、人間界の「現実」と呼ぶことになる。つまりヒトは、その進化によって生まれた夢としての社会的意識の壁から成る、現実という虚構の（価値化された言語の）世界を生きているのである。むろんその夢からなる価値＝言語化された現実を支えているのは歴史的古層である。

　そのことは言葉一つ取っても、歴史的古層に支えられた言葉と、そうでない言葉とではまったく違う、ということである。それはたとえば平和という言葉一つにしても、戦争体験者のそれと、非戦争体験者のそれとでは、まったくその言葉の重みが異なる、ということである。戦後溢れ返っているのは後者の平和であり、従って非現実的な口先のそれでしかない。

　そのことは、私たちは肉体の進化によって生み出された夢のような（現実になる以前の実在のような）世界が、さらに進化した社会的意識の壁という現実と呼ばれる夢の世界を生きているだけなのである。むろん意識の壁およびそれを作り出している歴史的古層を変えることは、それが夢だから可能ではあっても遅々としたものである。進化だからである。

そして洗脳とは、その現実より、より上位の（下位のものを上位として騙すことも含めて）夢を見させることで、そこに新たに意識の壁を作らせることを言うのである。

このことは西洋人の意識の壁が、砂漠（キリスト教）による戦争、略奪、破壊、欲望に基づく歴史的古層が生み出した個人主義（ニヒリズム）であるのに対し、日本人のそれは『古事記』に基づく集団主義（群れ本能的価値）であるから、互いに相容れることはない。つまりそのことは戦後日本人とは、パージを伴った洗脳によって「考える」ことができなくなったことで、意識の壁をまさしく西洋猿マネ暗記ザルにまで（下位のものを上位と騙されるところにまで）落ちたということである。言い換えれば、空っぽ頭で自分で「考える」ことができぬ人間が、その空っぽを、日本人の歴史的古層とは無縁な、ただ西洋思想を猿マネ暗記することで満たすところにまで落ちた、ということである。だからウィトゲンシュタインという歴史的古層に論理的死語しかもたぬ西洋人に、言葉の魂など無縁であることが分からない。言葉の魂は、日本語のような生きて進化している言語、従って非論理的言語の下にあるのである。

これは後述するが、西洋人の戦争、略奪等から成る歴史的古層は、しっかりと大地と結びつき、肉体をもった農民として土の上に成り立ったものではないから、デカルトの「私は考える、故に私はあり」のような肉体のない哲学が生み出されるのである。これは東洋人の土に存在根拠をもつ人間からすれば、彼のそれは「私という夢は考える、故に私は肉体のない幽霊であり」としか見えぬことになる。つまり生命にとっては、あくまで肉体が主体であり、進化によって生まれた意識「ある」は、あくまで虚構だ、ということが西洋人には分からぬのである。そんな土に脚を置かぬ虚構「ある」に主体を置けば、幽霊思想しか生み出せぬのは当然である。

このことは重大な意味をもつ。それは西洋思想を成り立たせている「私」の全否定であり、西洋キリスト教文明が土の上に脚で立たぬ、まさに砂上の楼閣に過ぎぬことになるからである。

ここにデカルトの哲学の最重要部分を『日本大百科全書』から引用する。

> デカルトの形而上学的思索は、いわゆる方法的懐疑から出発する。学問において確実な基礎を打ち立てようとするなら、少しでも疑わしいものはすべて疑ってみることだ。感覚はときとして誤るものだから信頼できず、私がいまここに、上着を着て炉端に座っているということも、これが夢でないという絶対の保証はないから信じられない。だが、こうして世界におけるすべての物の存在が疑わしいとして退けることができても、このように考え、疑いつつある私自身の存在は疑うことができない。このようにして、「私は考える、故に私はあり」（原文は「われ思う、故にわれ在り」）という根本原理が確立され、この確実性から世界についてのあらゆる認識が導き出される。
>
> 私は疑いつつあるのだから不完全な存在である。その不完全な存在から完全なる存在者の観念が結果するはずがない。なぜなら、原因のうちには結果における

のと同等、あるいはそれ以上の実在性がなければならないことは理の必然であるから、そこで、私のなかにある神の観念がどこからきたかといえば、それは無限に完全な存在者、つまり神自身に違いないといわざるをえない。ここから、神の存在が証明される（結果からの証明）。〔傍点堀江〕

そんなデカルトの思想をパスカルは激しく非難する（残念ながら、その資料を手にする環境になく、記憶だけで書くので、いくつかの誤謬があるかもしれぬことをお断りしておく）。

私はデカルトを許すことができない。彼は神の「一弾き（ひとはじき）」によって世界を動かせれば、後は用済みである。

つまりパスカルの言っていることは、デカルトの「神の存在証明」はまったく意味のない、ただ「私は考える、故に私はあり」では、ただのフランケンシュタイン（幽霊）であるのを、神の息吹を吹き込むことで動く機械にした、ということである。

事実、デカルトの神の存在証明は、単なる無意味にしてインチキな循環論法としか思えない。なぜなら、自分を不完全な存在だと言っておきながら、自分のなかに神の観念があるとは、そも初めから自分が神の観念をもつ完全な存在である、と言っているに等しく、この神の存在証明は神人のもつインチキな自己偽善であるに等しい。それになにより、そんな思考は大嘘つきのフランケンシュタイン思考そのものであり、自己の肉体をも延長する物質（幽霊）とし、それが松果腺によって「私」と繋がっている人間など、単なる化け物である。つまりデカルトには「このように考え、疑いつつある私自身の存在は疑うことができない」が、意識という虚構に過ぎぬことが分からない。

ところが当時のヨーロッパの知識人は、数学に基づく科学への希求が強く、――ガリレオなども同時代人である――どんなインチキをしてでも「私は考える」ことを求めていた。そんなであるから、彼らはデカルトの哲学が気に入った。そしてそんなデカルトの定理の下に存在している、彼らの歴史的古層にある戦争、略奪、破壊、欲望は、さながら砂上の楼閣を築くがごとく、「私という夢は考える、故に私は肉体のない幽霊であり」の思考を進歩と称し化け物文明を作り上げることに熱中し、そしてそれはいまだその幻想から逃れられずにいる。それをニーチェが「ヨーロッパのニヒリズム」と言おうが、なんのことやらさっぱり分からぬのは、愚鈍というしかない。つまりそれが欲望に憑かれた覚醒剤中毒文明であることも分からず、それに酔い、酔いつぶれた結果、それが第一次世界大戦として現れることになった。そしてそれは当然、それによって目の覚めることもなく、――彼らの歴史古層そのものが覚醒剤中毒だから――彼らは進歩と称して戦争、略奪、破壊、欲望へと発展していった。それによって戦争は多発化し、略奪は様々な化け物思想に置き換えられ、破壊は原子核、地球温暖化等に見られるが如くに、そして欲望は資本主義の発展を促し、かくして西洋覚醒剤中毒文明は破滅への道を歩むことになった。

またさらに繰り返しになるかもしれぬが、民主主義を挙げれば、彼らは理屈上こんなに酷い格差社会になるとは予想していなかっただろう。それを招いたのは、その基底にある資本主義と個人主義（ニヒリズム）とにある。つまり民主主義とは、資本主義の隠れ蓑に過ぎなかったのである。

私はすでに述べたが、ヒトの意識は歴史的古層（四次元身体）に支配されており、それは四次元身体からの進化によって、「ある」（意識＝価値）が生まれたことに関係しているということである。

日本人に民主主義（他の西洋思想でも同様）が理解できぬのは、西洋人が歴史的古層にもつキリスト教（ニヒリズム）がないからである。だから暗記ザルになってしまうのである。


西洋人は古代ヨーロッパにおいて、その劣悪な社会環境にあったが故、彼らの意識はその歴史的古層に——かつてサルの本能のあったところに——キリスト教を通して戦争、略奪、破壊、欲望から成る本能的価値を下降・蓄積させることになった。

それをすでに解剖したデカルトの哲学に当て嵌めて考えれば、たとえ彼らが進化という生の上昇を否定しようが、生命である以上、その宿命から逃れることはできず、彼らがキリスト教を利用して肉体を否定したところで、彼らの夢見る幽霊のような「私は考える」から、彼らは自らの進化によって生まれた歴史的古層に眠っている戦争、略奪、破壊、欲望の思考から逃れることはできない。

　それが民主主義であっても、それはその基底に眠る資本主義のもつ欲望には、キリスト教の保証をもつ個人主義の後押しもありして、その欲望には勝てず戦争、略奪、破壊をもって、そこに至ることになる。そしてそれは「欲望の資本主義」という言葉をも生み出し、――日本人なら「正直な資本主義」くらい考えろ――それはまたグローバリズムにしても本質的には同じ歴史的古層にあるものであって、それはさらに表向きの異なる共産主義とも絡んでくることになる。つまり西洋人は肉体がないから（生もなく）、本質的に理屈を捏ることはよくしても――彼らの得意としている「論理」は肉体（生）がないから成り立っているのであり――それに彼らの歴史的古層にある欲望等の思考が絡み、しかも彼らのフランケンシュタイン思考は無意識にも自らを神人だと思っているから、害虫と見做した人間は容赦なく殺す。ヒトラーなどはその典型であり、彼は民主主義が生み出した人間であるにも拘わらず、西洋人は自衛本能からか、無意識にも彼を民主主義と結びつけない。それが彼らの大嘘つきの本質であり、日本への原爆投下等も、ヒトラーの歴史的古層となんら変わらぬことを示している。

つまり西洋文明は自らの歴史的古層にある欲望等の覚醒剤中毒思考に沿って、驀地(まっしぐら)に破滅に向かって突き進んでいるのである。しかも止められない。なぜ止められぬかと言えば、意識の支配者である歴史的古層を、意識をもってコントロールすることはできぬからである。彼らの文明は、まさに快楽を求めて止(や)められぬ覚醒剤中毒文明なのである。

それに対して日本人はパージされた空っぽ頭だから、そんな彼らの思想を猿マネして喜んでいるのである。ただ西洋のように超格差社会にならぬのは、デカルトのようなフランケンシュタイン思考ができず、肉体で生きているからである。しかしこのまま彼らの欲望の文明をマネし続ければ、格差は確実に広がっていくだろう。

これが呪われた、未来のない「西洋幽霊文明」終焉のストーリーである。

話を、ヒトは進化した社会的意識の壁から成る現実と呼ばれる夢（価値＝言語）の世界を生きている存在である、ところに戻す。

そうした考えからすれば、ヒトの死とは単なる夢から醒めるだけ――幽霊が消えるだけ――のことで、睡眠中の夢と異なるのは肉体の消滅に関してだけである。そして死後どこへ行くかは宗教上の問題であるが、私の場合は「妣の国」へ帰るだけだと信じている。もしかしたら地獄へ行くのかもしれぬが、私の信じる心は変わらない。それはハーンが『心』で描いた万右衛門の心とほとんど同じである。

昨今、騒がれている宗教問題――かつてのオウム真理教、今の統一教会――は、心の問題だからいくら論じても解決はできない。もともと本書は直前に『こころ』について書き、その挫折から生まれたものであるから、私は私なりに心のなんであるかを知っている。それが四次元身体内の歴史的古層のものであることを。そしてそれが日本においては、自然神である八百万神という肉体をもつ神で済んでいた。

繰り返すようだが、砂漠から生まれたヨーロッパ文明の神はそうはゆかなかった。「はじめにことばがあり、……ことばは神であった」とは世界をことばによって「認識」（価値＝言語化）するまでの進化の過程（歴史的古層）がなく、それはノアの洪水で失われた前文明の神の概念だけが、空語として残されたことを意味する。だから前文明から受け継いだ神の概念によって「はじめからことばは神であった」のである。つまりユダヤ・キリスト教文明には、世界を「認識」し、それを神と呼ぶまでの進化の過程（歴史的古層）がないのである。

加えてユダヤ・キリスト教は砂漠の宗教であるから、進化というものがなく、初めからそこにあるのは死語であり、しかも死語の文明は、神が生み出されるまでの進化の過程をもたぬが故「はじめにことばとしての神がある」、原初からの死語による創作文明になる。さらに神ということばの概念はあっても、砂漠においては、日本のように神の対象物をもたぬが故に、彼らは「自分で神を作り出し、それに隷属する」という嘘（作り話）によるしかなかった。またそうせざるを得ぬほど過酷な環境――アダムとエバの世界――にあったので、彼らは自己偽善によって生み出された虚構（嘘）

としての意識「ある」に神＝「私」としての主体を置くしかなかったのである。すなわち、自ら作り出した神（嘘＝価値＝言葉）に自ら騙され――ヒトは嘘（虚構＝価値）の世界を生きているからそれが可能であり――それに隷属することで、神の支配の下にあることによって、「私」という嘘を成り立たせることになったのである。つまり、彼らの「私」は肉体のない嘘（幽霊＝価値＝言葉）の世界を生きるしかなく、またそうであれば彼ら幽霊キリスト教徒にとって、それを生のあるものとして価値づけるには、インチキな「神の存在証明」は必要不可欠なものとなった。

日本人も虚構（嘘）の世界を生きていることでは同じであるが、日本人は肉体をもつ〈幽霊には成れぬ〉が故に西洋人の「私」と日本人の〈私〉――肉体の無で「考える」〈私〉と空っぽ頭の〈私〉とから成る――とではまったく異なる。従って日本人の〈私〉が西洋哲学を学んでもまったく意味がない、というよりそも哲学はニヒリズムを孕む空虚にして、人類に害を為すだけの、学問とも言えぬ代物なのである。

西洋キリスト教文明は、肉体をもたぬ嘘つき人間によって成り立っている。肉体は嘘がつけぬが、彼らの意識「ある」はいくらでも嘘がつける。だから彼らの社会は、契約・訴訟社会にならざるを得ない。

その嘘はイエスの生誕に始まり、「神の存在証明」を正当化し、さらにその後に続く数多の思想はすべて嘘である。資本主義も、民主主義も、共産主義も、——彼ら自身は自己偽善に陥っている（自らを洗脳によって騙し、それを神によって保証している）からそれが分からぬだけで——すべて生き延びるための巧妙な、殺しを歴史的古層にもつ詐欺による気違い文明である。従ってそれはナチス（民主主義）、共産主義から、またリーマン・ショックに至るまでは起こるべくして起こっただけのことである。つまり資本主義は基本的に詐欺体質であり、その善悪はただ法律によって一線が引かれているだけである。

それに対して江戸時代の商人思想である『石門心学』（石田梅岩）は「生まれながらの正直」にして恥ずべきは、人の道にはずれることとした、——西洋に人の道などない――そうした日本人の歴史的古層と西洋人のそれとを比べることさえできぬ戦後の日本人は、ただ暗愚というしかない。これは歴史的古層にマネする知恵しかもたぬ、日本人の宿命なのかもしれない。

その点、肉体をもち進化の空（くう）を生きてきたかつての日本人は――戦後はパージ後の空っぽ頭の人々しか残らなかったから――もはや武士や禅者の「考える」能力をもたなかったが故に、あたかも振り込め詐欺に引っ掛かるように、西洋の悪徳思想を猿マネ暗記していくしかなかった。つまりその洗脳によってもはや、日本は存在せず、ただ訳の分からぬ廃人亡国があるだけ、ということになった。

ここで日本人にまったく理解できぬ、洗脳という言葉について一寸触れておく。日本人に理解できぬと思うのは、オウム真理教事件の当時、頻（しき）りにマインド・コントロールという和製英語が飛び交ったことからも分かる。そもマインド・コントロールという和製英語が出てくること自体、戦後の日本人が洗脳されている、ということである。自国語で説明できぬから、和製英語でなんとなく分かったような気になること自体、洗脳されていることの証である。この事件はオウム真理教が悪というより、それだけ日本社会が悪くなった、ということである。

洗脳は西洋人（特にアングロサクソン）の専売特許である。それはそもそもが、キリスト教そのものが洗脳によって――それは私がこれまで述べてきた自己偽善と被る――生まれたものだ、ということである。つまり自己偽善が、ヒトは自分で神を作り出し、それに隷属することであり、それは自分で自分を騙し（洗脳し）、それに隷属するということである。それすなわち、有りもしない神を創作し（嘘話を作り）――まったくの作り話でないにせよ――それを洗脳によって信じ込ませるには、（たとえ自らに対してでも）ある一定の条件が必要となる。それは肉体は嘘がつけぬから、それを切り離し、意識という嘘がつけ、またそれによって相手を騙すための「ある」の状態に置くことである。それを西洋においては、自ら「ある」に主体を置くことで大嘘つき文明となった。イエスが無生殖で生まれたという嘘も、肉体がないからである。そのことは、ヨーロッパ文明は古代から嘘つき文明だった、ということである。それをニーチェが、キリスト教を称して、プラトニズムの大衆版と言った所以もそこにある。つまり自分自身を嘘で騙せる能力があれば、他人など（日本人など）簡単に騙せる。騙す（洗脳する）とは、すでに述べたように、ヒトは夢から成る社会的意識の壁を、現実だと思って生きているから、さらにより良い夢なる現実（宗教、思想等の価値＝言語）の世界を見せてやると、洗脳に引っ掛かる人間は、そのより良い夢に引かれて、そこに新たな夢より成る意識の壁という現実（価値）を作り、そこに向かって走り出す。これが戦後日本人が、パージによって騙される洗脳体質になった理由である。

それが好ましくないのは、現実という夢よりなる意識の壁（価値＝言語）は、日本人は日本人としての歴史的古層に支えられているのであり、それは日本の歴史、伝統と密接したものだからである。つまりそのことは、西洋文明の歴史的古層（キリスト教）が生み出している西洋思想とは、なんの関係もないということである。

それは戦後日本人は、民主主義にせよ、ウィトゲンシュタインにせよ、その夢よりなる意識の壁（キリスト教下に生まれた思想等の価値）は、西洋からの上っ面の猿マネ暗記の借りものであり、しかも戦後日本「村」人は空っぽ頭だから、そこにそれらを入れただけで、なんの繋がりもないのである。当然、空っぽ頭には、自分が洗脳されているという自覚もない。

それを直感して分かっていたのは、三島くらいだろう。彼が「自由でも、民主主義でもない、日本だ」と言って腹を切って死んだのは、武士の瘠我慢としての諫死である。が、もはや洗脳によって、完全に西洋（アメリカ）の精神的植民地と化している日本人の頭に、彼の死を理解する知能は残っていなかった。アメリカのパージは完全に成功し、日本は二度と立ち上がれぬメカケとなったのである。

西洋における洗脳の好例は共産主義であり、そんなものが上手くゆくはずがない、という思考が西洋人一般にはできない（日本人は論外）。なぜなら彼らは自分の理性的思考法（たとえば論理的など）に、肉体のないことが自覚できぬからである。そのことは、そういう思考法より成る西洋思想は、共産主義に限らずみな陸でもないものばかりだ、ということである。そしてそんな陸でもない思想に引っ掛かる日本人とは、みな空っぽ頭の「村」人ばかりであり、肉体をもつ武士、禅者はそんなものには引っ掛からない。少なくとも戦前の日本人は馬鹿だったかもしれぬが、肉体に主体に近いものを置いていたから、そんなものには見向きもしなかった。共産主義に引っ掛かり、当局に捕まったのは単なるメカケ化しつつあった馬鹿なインテリ連中である。理由はなんであれ、国家を転覆しようというのだから死罪になっても仕方がない。それを戦後の、パージされなかった戦前以上に馬鹿な連中が賛美するのである。

と、ここからさらに書き継ぐことは、まったくの大脱線となる。私はそんなことを書く気もなかった、というよりたまたま知人から借りた一冊の本が、私を大脱線に駆り立てたのである。大脱線だから書くのを止めようとも、また思い止まろうという気も起こらなかった。それに私自身、どう書くのかさえ見当もつかなかったが、ただそこに肉体があるという直感があっただけである。

その本は、石川拓治著『奇跡のリンゴ』「『絶対不可能』を覆した農家　木村秋則（あきのり）の記録」である。その本の帯に木村の言葉として「死ぬくらいなら、その前に一回はバカになったらいい」と記されている。彼は単なるバカではなく無茶苦茶なバカである。東大、京大等卒のヘボ学者は彼のようにバカになれぬからヘボなのである。

裏表紙にそのバカさ加減の一端が記されている。

リンゴ栽培には農薬が不可欠。誰もが信じて疑わないその「真実」に挑んだ男がいた。農家、木村秋則。「死ぬくらいなら、バカになればいい」そう言って、醤油、牛乳、酢など、農薬に代わる「何か」を探して手を尽くす。やがて収入はなくなり、どん底生活に突入。壮絶な孤独と絶望を乗り越え、ようやく木村が辿り着いたもうひとつの「真実」とは。

それは自殺であった。ところがその場所でたまたま出会ったのが一本の奇跡の「ドングリの木だった」。そこにリンゴ栽培を無農薬で栽培する筈があったのである。そしてそれは成功した。

しかし私が大脱線しようと思ったのはそのことではない。それに昔は彼のような無名の男が沢山おり、それを支える家族が存在したはずだ、ということである。男女平等を語るような、そんなつまらぬ人間の話ではない。

日本は江戸時代までは無農薬（進化）文明だった。それがほとんど突然、西洋農薬（進歩）文明と戦争をしたのだから勝てるはずがない。木村のような壮絶な歴史を日本人がもっていたら、西洋農薬文明に勝てたかもしれぬが。とにかくそれほど勝ち目のない戦争だった。

西洋文明の豊かさは、大量の農薬（殺し）によって成り立っている。それは「心」のない文明だ、ということである。つまり「はじめにことばがあり、……ことばは神であった」とは、言葉以前の進化の歴史がないということである。それは自然のない、殺しの神人の支配する世界であり、言葉の魂など問題外の死語の世界である。

それはニーチェの言う「君たちは生と大地にたいして怒るのだ」、つまり「大地」を痛めつけ、リンゴの木の「生」を台無しにしているのは、「肉体の軽侮者」という人間なのだと。

農薬文明は、かつてミナマタ病を、また福島第一原子力発電所事故を、そして今日、地球温暖化を引き起こしている。つまりそのことは、原発事故は必ずまた起こるということである。それが神人による農薬文明の宿命である。そんな文明に魂など有ろうはずがない。ただの呪われた文明である。

木村は知識（農薬）によって奇跡のリンゴを実らせたのではなく、彼が長年にわたって培ってきた肉体による知識が、ドングリの木にそれを見出したのである。農薬をばらまく肉体（生）のない理性による知識は、決してドングリの木からなにかを学ぶことはなかっただろう。

それは二宮の「書籍の上に道を求る、学者輩の論説を取らざるなり、能々目を開て、天地の経文を拝見し、之を誠にする道を尋ぬべきなり」と木村の道とは同じである。二宮もかつて苦難の道を歩んだが故に、夏ナスに秋の味があることに気づき（学者輩にはとても分からぬ）、翌年の飢饉に備え稗（ひえ）を播き村を救ったのである。これは肉体の知識があって初めて分かることである。

かつての日本人はこうした「肉体のもつ大いなる理性」をもっており、そこにはまだ言葉の魂が残っていた。しかしその神道（生）の道を生きてきた日本人は、武士のいた時代まではどうにかなったが、戦後の農工商の白痴化した歴史的古層では「考える」こともできず、すぐに西洋の農薬文明に洗脳された。彼らは西洋の農薬文明をマネしただけだから、それがいずれ破綻するだろうことが分からない。農薬による甘い果実を得るため、それをじゃぶじゃぶ大地に播くことによって、ヒトの生と肉体とは衰弱してゆく。戦後の日本人は、生と肉体との魂が耐える力を失い、知識による欲望の果実しか求めようとしなくなった。学問は「道」の思想を失ったのである。

日本人の多くは、昔から忍耐強く、努力家であり、勤勉な者も多く、団結力も強かった。木村家などその典型である。

その点では、日本人を士農工商と分けたとき、かつて肉体をもった農工商は、欲に走っても西洋人ほどではない。個人主義ではないから、集団でいるだけでもかなり幸せでいられた。ところが今、それを捨て欲を得ようと、懸命になって西洋をマネしているのである。

問題は士である。それが存在しないということは、この国には歴史的古層において統治者がいないということである。それに士になるには極めて過酷な訓練、教育が必要となる。なにしろ他人(ひと)を斬ることはともかく、自分の腹を切るまでにならなければならぬからである。今日、この国にそれだけの覚悟のある政治家はいない。目下、政治家の裏金問題で国会は揉めているが、幕末、議論が揉めたとき、西郷隆盛が「短刀一本あればすむ」と言い、事実それで済んだ。日本に必要なのはこの種の政治家である。

戦後の日本人は白痴の無責任人間ばかりである。その無責任の象徴が日本国憲法である。何かあったら「俺が作ったんじゃない」というに決まっている。そんな無責任な白痴国民が、民主主義をやっても意味がない。能登半島で大地震が起こり困窮しても、国会は裏金問題で不毛な議論をするばかりである。

それに民主主義は、木村のような人間がどんなに苦労しても、政治家になれぬ仕組みになっている。必要なのは、無責任な政治家しか輩出せぬ民主主義を廃し、——それになにより日本人は民主主義を生み出せるような、歴史的古層をもっていないから——かつての武士集団のようなものに政治・軍事を担わせることである。問題は白痴にそうした集団を生み出せる能力のないことである。

さらに科学は別にしても、学問の中心を無農薬な古代シナの思想（仏教も含む）、および日本の旧思想に戻すべきだと考える。西洋の学問は肉体がなく、歴史的古層が農薬思想という有害なものだからである。

その結果として経済力は落ちるだろうが、日本人は古来、欲望を幸福の対象にしてこなかった、という歴史的古層をもっている。木村などまさにその典型である。日本人は昔から歴史、伝統、文化にそれを見出してきた。

特に「村」人は、古代から一文にもならぬ神々との交流である祭りが、大儀式であるかのような文化をもち、祭りともなると熱狂する歴史的古層をもっている。

また天皇は古代から民のために祈ってきた。今日、多くの日本人が言霊を信じなくなったように、祈りに力のあることも、またそこに幸せを感じることもなくなっている。西洋の物欲主義に走った結果である。日々、天皇が民の幸せのために祈っていることを知っている者は、その祈られている幸せを感じ、天皇を尊崇する。

私は祈りには力があると思っている。それはその力が直に働くのではなく、自らを信じる生の力として働くのである。だから人々は神々（神社）に祈りを捧げるのである。

そして木村もまたリンゴの木に祈った。彼はリンゴの木々に「枯れないでくれ」と頼んで回った。ただ隣の畑や道路との境に面しているリンゴの木には、周りの農家に見られたくないが故に話しかけなかった。そして不思議なことに、木村が話しかけなかった木々は一本残らず枯れてしまった。

こういうことがあるから、日本人は言霊を信じ、祈ることを止めぬのである。

木村秋則は典型的な、昔ながらの日本人である。私に言わせれば「近頃、日本人が少なくなりましたね」である。というより絶滅危惧種である。


これ以上、書くことはないのだが、実は私は隠し事をしており、それを墓場まで持ってゆく積りでいた。もっとも隠し事といっても他人(ひと)に対するものではなく、自分自身に対してである。つまり思い出したくないことは忘れる、ということである。そんな器用なことができるのかと言えば、私にはかなりの程度できるのである。むろん簡単にできるようになったわけではないが。

それは初め、禁煙ができず苦労していたとき、知らず知らずの内に身につけたものである。言葉にすると簡単だが、実は極めて難しいのである。それはその言葉を忘れる、ないしは空語にすることである。禁煙でいえば煙草という言葉を忘れれば、それを吸う行為も忘れることになる。母の死に悲しみを覚えなかったのも、自然とそれをやっていたのかもしれない。

それはどういうことかというと、ヒトは意識の世界を生きているが、それはその下部で四次元身体（歴史的古層）と繋がり、その支配を受けている――だから忘れたいことは嫌でも思い出される――のを、その忘れたいことを四次元身体内に押し込め、三次元身体にある意識よりなる言葉をすべて空語にしてしまうのである。

今、大病の死の淵から蘇った私は、その隠し事である「事件」を、これまで肉体について考えてきた身として、もはや隠しておく理由を感じなくなっている。いやむしろ、明らかにすべきだと思うようになったので、ここに記すことにする。

それが起こったのは、私の二冊の小説（『かげろう源氏物語』『馬一（ばいち）』〔『天才論』所収〕）を書いた七十七歳の頃だったと思う。そして今、気づいたのは、それらの小説はいずれも睡眠時、夢を見たわけでもなく、朝、目が覚めたら私の頭のなかに完成された作品としてあり、それを何者かに押されるように書いたことに、それが共通しているように思えることである。その何者かとは、肉体ではないか、と書いたことは覚えている。

が、今その不快な「事件」を書くに当たって、それが私のなかに別の人格ともいえるものが、存在しているのでは（そんなわけはないのだが）、という気にならざるを得なくなっている。なぜならその二冊の小説は、いまだにとうてい私の意志によって——そもそも小説を書く私など考えられぬ以上——書かれたものとは思えぬのに、その「事件」は似ているのである。

その「事件」とはある夜、何者かに叩き起こされるような感覚で、いきなり目覚めさせられ、というよりそれ以前からという感の下に、自慰行為をしていたのである。それはむろん私の意志でしているわけではなく、私の中にいる別の私が、私にそうさせているので、私が心のなかで「止めてくれ、止めてくれ」と叫ぼうが、その別の私は私にその行為を止めさせようとはしなかった。私は私自身に強姦されたのである。

行為が終わったとき、私は茫然自失のなかで、ただ私が私のなかに住む本来の己に強姦されたような不快な気分しか残らなかったから、私は陸に考えもせず忘却の淵に投げ入れ、忘れることにしたのである。

しかし今、大病から蘇ってこの「事件」をよくよく考えてみれば、それが夢精の原理と同じであることが分かった。夢精は肉体自体が「力への意志」によって肉体のもつ生殖本能的価値を上昇させることによって、自らの歴史的古層が自慰行為に走ることによって起こるものであり、それが普通の男性の場合、睡眠中も意識の壁が厚く外に出られぬことによって、無意識の内に夢精として引き起こされるのである。それが私の場合、虚弱体質であったが故に、その壁が薄く、夜間それを突き破って、現実という意識の世界に行為として出てしまったのである。

それに関してランボーの手紙の次の部分が、私に起こったこととどこか同質の部分があるように思えてならならぬことに気づいた。それは「『われ』は一個の他者であります。木片がヴァイオリンであることがわかったとしても止むを得ないことです」、また「なぜなら『われ』とは一個の他者であります。銅が眼が醒めてみると喇叭（らっぱ）になっていたとしても、それは少しも銅の落度ではないのです」のなかの「私は一個の他者であります」の部分は、それほど問題なく理解できると思うが、——ニーチェの「主体は虚構である」と同じであるが——後半の「木片がヴァイオリン」になり、「銅が喇叭」になるの部分は、長い間私の頭に引っ掛かっていた。

他の部分は、ニーチェ同様のニヒリスト特有の混乱に思えたが、この部分はもっと更なる肉体の変質のように、それがなんであるか分からぬにせよ思われた。後思案かもしれぬが、私にはそれが私の場合と符合するように思われたのである。

それにニヒリストは、なぜかある至福感の後に虚無に陥る。それは意識の壁が破られることによって起こるのかもしれない。ニーチェはワーグナーの音楽、プルーストはマドレーヌを口にしたときの快感、そして私は神秘体験と。それ故ランボーのそれらの表現も、その種のものではないかと思われた。そしてさらにどんな脈絡があったか分からぬが、プルーストを除くニヒリストのキリスト教への嫌悪（プルーストはユダヤ教）があったのではないか、と思われることである。

私の嫌悪と彼らのそれとが符合するかどうかは分からぬが、——私はキリスト教徒ではないから——私の場合すでに述べたように、キリスト教徒は大量の農薬を使用して、人という害虫を殺すのが好きなくせに、自分の死となると怖がる。それに対して武士は刀というほとんど無農薬に近い武器をもって血塗れになって人を殺しはするが、同時に潔く自らの死を選ぶこともある。どちらが野蛮であるかは言うまでもなかろう。

もっとも西洋人の野蛮には、農薬で大量に害虫を殺すことは含まれていない。それは広島、長崎に原爆を投下したのは、戦争故ではなく——事実上、戦争はもう終わっていたのだから、——原爆という農薬の効果がいかほどであるかを確かめるため、敢えて一般庶民の住む都市に撒布したのである。それが証拠に私は、繃帯(ほうたい)を巻いた被爆者からデータを取るため、それを引(ひ)っ剝(ぺ)がす軍医と思(おぼ)しきアメリカ兵の姿を、映像で見た。

彼らは大嘘つきで、今も日本人を歴史的古層において害虫と見ているような人々なのである。キリスト教は今日に至っては、そのように戦争ばかりする堕落した宗教となり、しかもそれを信じる神人の辞書に自省という文字はない。

私には、ランボーがヨーロッパを捨てた理由は、キリスト教以外に考えられない。

ところで虚無に陥った人々のほとんどが、狂気の苦痛を味わう。その理由を迂闊にも今日まで気づかなかった。それは虚無が激痛なのは、言語とは有であり、その有と無とが同居するなど人間として成り立たぬからである。つまりそれは社会的意識の壁の外側は、言葉（価値）の世界という有であり、それを進化の逆行によってその壁を突き破り内側に入れば無となるから、その限りにおいては、そのどちらの側に置かれても苦痛は感じないが、虚無とはその両側を同時に生きるという有り得ぬ世界だから激痛が生じるのである。

そこで虚無に陥りながら苦痛を覚えなかったプルーストが問題となるが、彼の場合、彼の進化による意識そのものが既に現実という社会的意識の壁を突き抜け、肉体の無（四次元身体）に入り込み、そこで彼の歴史的古層と共に、『失われた時を求めて』という長大な小説――歴史的古層の見る夢――を書いただけだから、苦痛は生じなかったのである。これは私の二冊の小説も同じで、私の場合は睡眠中であったから、長々とはいかなかっただけのことである。

これだけでは分かりにくいと思うので今少し、付け加える。

まず四次元身体（肉体の無）と歴史的古層とは、ほぼ同じものであるが、両者の違いは、四次元身体とは「素（す）」の身体であって、そこに情報（言語＝価値）が蓄積されることによって、歴史的古層になるという関係にある。

そうした関係にあることから、プルーストの小説（夢）、および私の小説は、本来、肉体の無から進化によって意識が生まれるのが、進化の逆行によって意識そのものが歴史的古層のなかに入り込むことによって、四次元身体の進化のもつ生の上昇と歴史的古層のもつ情報とが、外部から入ってきた情報を肉体内で加工し、夢（プルーストのそれは白昼夢）としての小説を書いたから、意識はそのことを覚えていないのである。つまりプルーストの場合は、白昼夢だったから意識はその自覚を持てず、――だから無意識的記憶というのであり――私の場合は、見たという記憶がないのである。

そのことに関して近年、私は通常の夢とは違った、一応筋らしきものもある夢を見、その夢から目覚めても容易に現実に戻れぬようになった。その理由はその夢が、非日常的で、日常的退屈さもなく、面白くさえあるが故でもあるが、それ以上に、通常の夢が、単に四次元身体から進化としての生の上昇として浮かび上がるのに対し、私の夢が同じ生の上昇ではあっても歴史的古層と係わり、その支配を受けることによって、単なる夢経験としてではなく、夢の実体験として肉体（歴史的古層）に記憶されることによって、容易に忘れ得ぬものになるのだと思われる。それはすでに述べた。戦争を実体験した人の感覚と、そうでない人との違いに等しい。

これらのことは、プルーストにしろ私にしろ、意識の壁が薄いことによって生じたものであり、私の自慰行為にしても同様で、歴史的古層内で見た夢が（むろんそれを覚えていないが）行為と化して、薄い意識の壁を突き破り、現実に出ることによって起こったことである。

ちなみに臨死体験も同じ性質の夢であるが故に、迫真力があるのである。

それらがそうした肉体の問題であったが故に、ランボーの「『われ』は一個の他者であります」、ニーチェの「肉体のなかに住む『本来のおのれ』」、プルーストの「無意識的記憶」、そして私の二冊の小説、自慰行為、さらに反デカルトの「私という夢は考える、故に私は肉体のない幽霊であり」等がこれまで解明されてこなかった理由である。そして更にポーの『ウィリアム・ウィルソン』も同じ範疇のものであると思われるが、なにぶんにもそれを裏付ける資料がない。

そうしたことが西洋人に理解できぬのは、ヒトから肉体を抜き取り、夢を主体として「考える」幽霊だからである。彼らは肉体という歯止めをもたぬ理性で「考える」から、死を恐れる反面、殺しの科学および思想を発達させ、大戦争をするフランケンシュタイン人間になってしまったのである。

しかも彼らはそうした殺しの農薬文明を歴史的古層にもってしまったから、その「進歩」思想から抜け出すことができない。従ってそうした進歩という「農薬文明」の先にあるのは、呪われた覚醒剤中毒の幽霊墓場だけである。

ところで、私は直感的に大脱線してしまったが、正直なところそれがなぜなのかいまだに分からずにいた。ただ私は木村という人間に引かれはしたが、それが彼が奇跡を起こしたことに対してでないことは分かっていた。と、なると自分がなぜ大脱線したのか分からなくなった。ただ私の肉体（生）がそれを欲した、という以外。従って私はそれにケリを付けることに苦しんだ。

ニーチェは「己の立てるところを掘れ」と言った。そしてその意味が、二宮も木村もそうであり、それが土地だということである。それはニーチェの思想も、先に挙げた「だから君たちは、生（肉体）と大地に対して怒るのだ」とすることでは同じである。

日本文明は農民文明であり、土を掘ることで生きてきた。木村の例からも分かるように、土は（肉体も）嘘をつかない。従って土に生きてきた日本人は「『生れながらの正直にかへし度為なり』。私欲を去った正直が町人の道の根本であることはいうまでもなく、士の道にとっても、政治に私欲なく『清潔にして正直』であることが、すべての根本であろう」（和辻哲郎著『日本倫理思想史』における石田梅岩の件）というように、昔の日本人は嘘をつかなかった。つまり「嘘つきは泥棒の始まり」であり「武士に二言なし」だったのである。これは肉体をもって土地に向きあうが故に、二宮のような肉体の思考になり、そこから一所懸命の地としての肉体の無で「考える」武士が生まれたのである。日本人の歴史的古層には土と肉体とがあるのである。

それに対し、西洋思想はその歴史的古層において戦争、略奪、破壊、欲望による土のない幽霊文明（肉体もない）である。だからニーチェが言うが如く、大地に足（肉体）を置かぬが故に、生（肉体）のない大嘘つきの幽霊文明になるのである。そうであれば、西洋社会が嘘八百の犯罪社会になるのは当然である。そしてそれをマネした戦後の空っぽ頭の、西洋猿マネ暗記ザルの経営する日本国が、嘘つき幽霊国家になるのは自然なことである。

だから冒頭で述べた「ウィトゲンシュタインと『言葉の魂』をめぐって」で「死物と化した言葉を口先で弄し続ける惨たらしい実情がある」のなら、ウィトゲンシュタインなど持ち出さず、自分の頭で考えればよいものを、子供の時から西洋をマネした幽霊（日教組）学校で学び、そこで洗脳された幽霊頭だから、西洋から頭を借り、口先で嘘つきゴッコの座談会をやるしかないのである。言葉に土（肉体）の歴史的古層がないのである。むろんそれで害が出るというわけではないが、不毛だとは思う。

それで思い出されたのが少し前、私は初めから、自分の頭で考えず、西洋幽霊思想を内容もなしに単語としてしか記憶していない大学出の（今の学校とは皆そういうところであるが）猿マネ暗記ザルが、でたらめに人を誹謗中傷するのに出会した。

それについては旧著『空（無）の思想』で詳しく論じたので、ここでは多くは論じない。それは朝日新聞・従軍慰安婦報道と大江健三郎著『沖縄ノート』（岩波新書）が名誉毀損で訴えられた裁判とである。

両者に共通しているのは、西洋大嘘つき文明（ＧＨＱ）に洗脳された結果、自分たちも平気で大嘘がつけるようになり、それによって無根拠に他人を誹謗中傷している自覚がまったくなくなってしまったことである。

この二つの事件を起こした朝日新聞（およびそれに乗せられた政治家）、大江は、その精神構造が瓜二つと言ってもいいので、主に後者について論じる。両者ともに、なんの証拠もなく他人を誹謗中傷し、それによって金を得ようとしたのだから、それは詐欺に等しい。問題は彼らにその自覚すらない、その程度の頭だということだが、それを大衆が支持していることである。それはマッカーサーが日本人を評して「十二歳の少年」とした小児性、メカケ性に繋がるものである。
なお、引用文はすべて旧著『空（無）の思想』からのものであり、多々、省略もあるが、ここに二つの事件を述べる前に、大江の知的水準がどの程度のものであるかを記しておく。

井上和彦著『そのとき自衛隊は戦えるか』からの引用である。

作家・大江健三郎氏は、アメリカで自衛隊についてこう語った、と古森義久氏が報じている。
「日本の保守派にはこの憲法が米国から押しつけられたものだから改正する必要があるという意見があるが、米国の民主主義を愛する人たちが作った憲法なのだからあくまで擁護すべきだ。軍隊（自衛隊）についても、前文にある『平和を愛する諸国民の公正に信頼して』とあるように、中国や朝鮮半島の人民たちと協力して、自衛隊の全廃を目指さねばならない。終戦から五十周年のいますぐにもそのことに着手すべきだ」

これについて今は論評するつもりはない。
それでは『沖縄ノート』が裁判沙汰になったと思われる箇所の一部を挙げる。

たとえば米軍の包囲中で、軍隊も、またかれらに見棄てられた沖縄の民衆も、救助されがたく孤立している。そのような状況下で、武装した兵隊が見知らぬ沖縄婦人を、無言で犯したあと、二十数年たってこの兵隊は自分の強姦を、感傷的で通俗的な形容詞を濫用しつつ、限界状況でのつかのまの愛などとみずから表現しているのである。かれはその二重にも三重にも卑劣な強姦、自分たちが見棄てたのみならず、敵にむけるはずであった武器をさかさまに持ちかえておこなった強姦を、はじめはかれ自身にごまかし、つづいて瞞着しやすい他人から、もっとも疑り深い他人へと、にせの言葉によって歪曲しつつ語りかけることをくりかえしたのであろう。そしてある日、かれはほかならぬ強姦が、自分をふくめていかなる者の眼にも、美しいつかのまの愛に置きかえられたことを発見する……

こうした内容を含む大江の著作が、どうして裁判に至ったかについて、秦郁彦著『現代史の虚実』から執るが、私には聖人面をした大江が、歴史的古層においてよほど強姦をしたくてたまらぬ人間のように思えてならない。なぜなら、意識は歴史的古層に支配されているものだから。

二〇〇七年十一月九日朝、私は大阪地方裁判所に傍聴券を求めて並ぶ人々のなかにいた。……

午後早く再開された法廷ではまず原告の赤松秀一氏（渡嘉敷島守備隊長だった故赤松嘉次元少佐の実弟）、つづいて大江氏の尋問となったが、軽い飄逸味を混ぜ鋭く切り込んだ原告側弁護士の反対尋問に対し、大江氏は言い逃れ、はぐらかし、論点のすり替えなど詭弁としか言いようのない非常識、不誠実な答弁をくり返した。

私をふくめて傍聴者の多くは呆気にとられたが、被告の品格や知的水準を知る恰好の材料なので、いくつかの論点を問答体（QとA）で再現したい。

Q 『沖縄ノート』を書くさい渡嘉敷の集団自決を隊長の命令によると書いた根拠は？

A 主として沖縄タイム社の『鉄の暴風』（朝日新聞社発行、一九五〇年刊）に依拠した。私はこの本の記述を信じた。

Q なぜ自分で現地取材をしなかったのか？

A 本土の若い小説家が生存者を訪ねて悲劇について質問する資格を持つのか、自信が持てなかった。それよりは沖縄のジャーナリストに頼るのが妥当だと考えた。

Q あなたは守備隊長の実名を出していないので特定できず、名誉棄損にならぬと主張しているが――。

A 大本営――第三十二軍――守備隊というタテの系列から成る軍の構造体、

その中ですでに装置された時限爆弾としての〈命令〉が実行されたのだから、実名は出さなかった。もし自決するなと命令していたら、本人にも会い名前も出していたろう。

Q　今の説明は一般には理解不能に思えるが。

A　あなたは一般人の代表者とは言えない。

Q　曽野綾子『ある神話の背景』（一九七三年）が、自決の軍命はなかったと立証したのを契機に、『沖縄県史』や家永三郎『太平洋戦争』が赤松命令説を削ったのを知っているか？

A　知っていた。取り除いた理由が理解できなかった。今も疑問に思っている。曽野さんは（隊長への）称賛が突出しているので、彼女の本は参考にしなかった。彼女に訂正を求める文書を書こうと思う。

Q　現在も（集団自決は）日本軍の命令と考えているか。

A　そう考えている。その後も新しい証言が新聞などに載った。確信は深まった。

この弁論に出てくる『ある神話の背景』（後に『「集団自決」の真実』に改題）とは、一言でいえば刑事のように、現地の聞き込み調査の下に成った著作である。従って彼女は『鉄の暴風』の著者、太田良博にも接している。そのときの様子を彼女は次のように記す。

この戦記（『鉄の暴風』）は、当時の空気を反映しているという。当時の社会事情は、アメリカ側をヒューマニスティックに扱い、日本軍の旧態をあばくという空気が濃厚であった。太田氏は、それを私情をまじえずに書き留める側にあった。「述べて作らず」である。とすれば、当時そのような空気を、そっくりその儘、記録することもまた、筆者としての義務の一つであったと思われる。

「時代が違うと見方が違う」

と太田氏はいう。……（傍点　堀江）

ここに戦後、日本人の置かれた精神的状況が明らかになる。ここでいう空気とは、「村」人の空っぽ頭がGHQ＝日教組に洗脳されたものであり、それを太田は「私情をまじえず『述べて作らず』書き留める側にあった」のに対し、キリスト教徒であった曽野は、生死を超えた絶対的視点をもち得たから、洗脳に染まらなかったのである（この空気、「述べて作らず」は日本「村社会」が歴史的古層にもつ付和雷同・軽佻浮薄性であり、それは今も流言蜚語（炎上）に走りやすい日本人の特性である）。

対して大江などは洗脳に染まるその典型の一人で、それを秦は「そして『鉄の暴風』などを読むうちに赤松がアイヒマンに見えてきたというのだが、それを『旧守備隊長の持っていたはずの夢想、幻想を、私の想像力を通じて描きました。それは小説の方法ですが、私はエッセイ・評論にあえて用いました』（法廷への陳述書。傍点は筆者〔秦〕）と説明している」（『現代史の虚実』）

大江の言っていることは、無茶苦茶である。たとえば、どうして旧守備隊長の持っていたはずの夢想、幻想が、他人である大江に分かるというのか？

この裁判の最も大きな争点は、「集団自決」の命令を軍（赤松）が出したか、否かであるが、こんな馬鹿げたことが、平和ボケしている大江には分からない。軍隊というところは、害のあると見做したものは容赦なく殺し、自決命令などというリスクを負ったアホな命令は、決して出さぬところだ、という認識が彼にはできない。

では、なぜ島民が集団自決に走ったのかについて、当時私は『空（無）の思想』で、それが日本人固有の一家心中の心理と同じものである、とは述べた。が、当時それ以上の理由づけが出来なかったが、今はできるのでここに述べる。

それは善し悪しはともかく、西洋人は「私は考える」ことができるのに対し、日本「村」人はまったく「考える」ことができない。なぜ、できぬのかと言えば、生命は群れ本能を生き、ヒトは群れ本能的価値を生きているから、西洋人が神をダシに絡繰を用いて「私は考えた」のに対し、日本においては武士、禅者のみが、無（空）によって「考え」得ただけである。従って「村」人は「空気」の流れる方向へ、群れで無思考で走って行くだけである。別言すれば、西洋人が個人主義（ニヒリズム）であるのに対し、日本「村」人は集団主義（群れ本能的価値）で生きている、ということであり、その結果、窮地に立たされ、自殺の選択肢を迫られたとき、西洋人は個人でするが、日本人は群れの「空気」で敢えて無理心中までもする。それが渡嘉敷島島民の集団自決である。

これは戦後、「考える」能力のある日本人がおらず、ただ西洋を猿マネすることが「考える」ことだと錯覚している暗記ザルが、GHQ＝日教組の流す「空気」に染まり、その染まった空っぽ頭で、でたらめな著作を為し、金を儲けようとしたのだから、たとえ大江が無作為であったにしても、詐欺行為という犯罪を行ったことに変わりはない。そんな大江に無罪を言い渡した深見裁判長を評して秦は、「最初から結論ありき」の「ペテン」的判決としている。これをもってして、戦後日本の詐欺・いじめ体質の先鞭がつけられることになったのである。結局は「……主義」の問題ではなく、人間のそれなのである。

そしてそれを組織ぐるみで行っているのが、朝日新聞である。彼らは木村のようにバカになれず、なまじ自分を一流だと思っている大江同様の無駄知識で「考える」から、余計に質（たち）が悪い。それは戦後の西洋猿マネ暗記ザル全体にも言えることである。

ここでは旧日本軍が行ったとされる従軍慰安婦狩り、および南京大虐殺について述べる。

これらも大江同様、彼らの思考の根底（歴史的古層）が「村」人の空っぽ頭で「考える」能力がなく、GHQ＝日教組の「空気」の洗脳下にあったことである。つまり「アメリカ側をヒューマニスティックに扱い、旧日本軍側の旧態をあばく」という思考停止状態にあったことである。しかも彼らは「村」人の歴史的古層しか持っておらぬから、大江同様、軍隊がどういうところかが分からない。

軍隊における性の問題は、戦争漬（づ）けの西洋においては、ある種暗黙の了解事項として触れぬことにしている。つまり戦争においてはその種の施設があり、強姦は通常のものだという常識である。

それは大東亜戦争敗戦時、満州から引き揚げてきた日本人婦人のための堕胎所が、舞鶴にあったこと、また混血児のための施設、エリザベス・サンダース・ホーム（澤田美喜）の存在からも明らかだろう。

そして加うるに、従軍慰安婦問題を性奴隷として国際問題化させてしまった、「村」人政治家の無能さの罪は大きい。なぜ性奴隷と言われることになったかと言えば、奴隷狩りこそやった彼らにしてみれば、慰安婦狩りをする日本人とは、真面とは思えなかったのだろう。彼らは敢えて性奴隷など必要としなかったのだから。

そしてそんな朝日新聞と対立し、朝日対反朝日で二十年にも亘って揉めた論争を、秦郁彦が従軍慰安婦狩りの行われたとされる現地・済州島を実際に調査・取材した結果、従軍慰安婦問題を引き起こした大本（おおもと）である『吉田証言』がまったくの虚偽であることが分かり、この騒動は幕を下ろすことになった。

これは大江対曽野と同じ構図である（なお曽野のキリスト教の歴史的古層は和製）。

さらにこの問題を巡っての政治家のトロさである。後にも述べるが、本来、政治家たる者、国民の公的社会道徳秩序の模範となるべき、いわゆる「示し」をつけるべき存在であるのを、「考える」能力のなさ故に——国家意識をもたぬ「村」人が民主主義をやると、詐欺の上塗りまですることになる——一民間企業である新聞社ごときに乗せられるとは、何たる醜態と言うべきであろう。日本の政治家についてはまた述べる。

次いで南京大虐殺であるが、これに火を付けたのが朝日新聞記者・本多勝一（かついち）の『中国の旅』である。その手口は悪質週刊誌のそれと同じである。

なぜそのような虐殺はなかった、と私に断言できるのかと言えば、私が歴史的古層という視点から、ものを見ることができるからである。つまり日本人の歴史的古層に虐殺という文字はなく、唯一「島原の乱」で剪滅戦が行われただけであることにある。これは城主松倉重次の過酷な年貢取立てに対して起こった一揆であって、これによる幕府の損亡（そんもう）は大きく、これを機にキリシタン弾圧は強化され、鎖国状態も強められた。江戸時代、唯一斬首された大名は重次だけだ、ということからも事の大きさが分かる。が、これ以外、一切虐殺と言えるようなものはなく、そこから戦後の朝日新聞のような、国家意識をもたぬボーッとした「村」人の歴史的古層しかもたぬ現代へと至るのである。つまり日本人の歴史的古層に、虐殺という文字はなく、従ってそれが意識上に表れることとは、有り得ぬことなのだが、朝日新聞同様にボーッとした空っぽ頭の政治家には、その範を示すことも、けじめを付けることもできなかった。このことは戦後日本の民主政治家とは、士風もなく公的社会道徳秩序規範（国家意識）をもつ者もなく、むしろ詐欺に引っ掛かるような体質だから、後述する裏金作りに走るのである。

日本は、国破れて山河ありが、いつしか国亡びて廃人ありに変わってしまったのである。つまりボーッと生きてきた空っぽ頭の「村」人にとって、福沢の言う「一身独立して一国独立すること」は余所事（よそごと）となり、食い物と金と口先の平和とを買う人間しかいなくなり、彼の言う武士の「瘠我慢」とは無縁になった。従って民主主義が理解できぬ国民の選ぶ政治家は最低となった。

目下、自民党政治家の裏金献金問題で、国会は揉めているが、これが江戸時代なら切腹で一件落着である。このことは、日本においては歴史的に政治・軍事については、武士が範を垂れ、示しを付けてきたことを意味する。それを戦後、それまでボーッと生きてきた「村」人が、民主主義と称して馴れ合い談合を行うことになったから、

「けじめ」も「示し」も付けようがないのである。

そもそも「村」人は、大江のところで述べたように個人主義（ニヒリズム）というものが、神（キリスト教）の保証の下に成り立ち、その個人が民主主義を成り立たせているのに、その個人が日本には存在しない、ということが分からない。つまり「私は考える」ことができず、ただＧＨＱの流した「空気」の世界で、その自覚もなく、「私は考える」と思って生きているだけだから、その結果として西洋猿マネ暗記ザルに成らざるを得ぬのである。従って暗記ザルであるからして、日本において民主主義を成り立たせる根拠はどこにもない。それは他の西洋思想にも言えることである。

それは『沖縄ノート』裁判において、大江の言ってることが、無根拠にしてでたらめであるのに対し、キリスト教徒である曽野は「私は考える」ことを根拠とし、現地の聞き込み調査を行ったのである。

そのことは戦後日本の西洋猿マネ暗記ザルの根拠は、偏にアメリカへの「寄り縋り」でしかなく、大江が米国で語った日本国憲法観などは、見識のあるアメリカ人から見れば、日本人とは恐ろしいほどの馬鹿だと思ったことだろう。どうして戦争をした敵国に有利な憲法を与える戦勝国が有り得ようか、という頭すらない日本人とは、彼らには信じられぬことだろう。つまり平気で原住民を虐殺し、奴隷を拉致してきた彼らにしてみれば、そう思うのは当然だろうし、また日本人がいまだにＧＨＱの洗脳下にあるのも納得するだろう。

これが日本人全体に行き渡っているということは、日本人の根底にあるのは、「村」人の寄り縋りメカケ根性であり、私から見ればまさに「国亡びて、廃人あり」である。

ところで私が、木村が立派だと思うのは、私欲を捨て去り真っ直ぐに農民の道（歴史的古層）を行ったことである。彼は農民としての瘠我慢を通したのである。

正直なところ、私は『奇跡のリンゴ』のなにがベストセラーだと言いたくなる。恐らく彼の後に続く者などおるまい。なぜなら彼は江戸時代の農民にまで戻ってしまったのだから。そのことは少なくとも、教育水準は現代より江戸時代の方が上だった、ということである。

戦後の知識人は脳足りんぞろいで、西洋を猿マネし江戸時代を封建制であるが故に、前近代などと言って批判するが、現代より前近代の方がはるかに優れている。『クライテリオン』の某号を借りて読んだら、アメリカ人が日本人を臆病な猿としか評価していないことに、私も同意せざるを得ない。それは『そのとき自衛隊は戦えるか』で、大江の示した言動はまさにそれ以外のなにものでもない。

大江は臆病な猿であり、朝日新聞の臆病風に吹かれることの酷さと同断である。すなわち彼らの歴史的古層は「逃げ走る」「客分」であるが故に、生死を超えた自己の判断基準を持たぬのである。

たとえば、大江は自己の作品を右翼と称する輩（やから）ごときに脅迫されれば、自己の作品を否定し、朝日新聞は、戦前は枯尾花に脅えるが如くに軍部に靡き、戦後はマッカーサーに威されれば従うといった有様である。それはまさに朝令暮改である。そしてかつて、同社の記者の一人が暗殺されたからと言って、毎年のように、それがどういう積りか、私には分からなかったが宣伝していた。つまり西洋の民主主義とは、ヤクザのそれだから「日本のジャーナリストは死ななすぎる」と言うのは当然なのである。

福沢が「殺人、散財は一時の禍にして、士風の維持は万世の要なり」といった、その士風とはあたかも吹きくる死風に対する瘠我慢のごときものと言ってもよい。そうした瘠我慢が、「逃げ走る」「村」人にはできず（木村秋則は例外）、それでいて一流大学を出たことによって、彼らの意識の壁は無意識にも、大衆より上位に置かれたものと錯覚する結果、彼らの意識は大衆を啓蒙する積りなのだろうが、所詮、一流大学を出たからといっても、彼らは「村」人の空っぽ頭の臆病猿であり、それはただＧＨＱ＝日教組の反日洗脳教育の頂点に立った、というだけのことである。そしてそのことも分からず、ただ己の馬鹿さ加減に自惚れて、得意になって自虐史観を吹聴したのである。しかも彼らが自虐史観に走るにしても、旧日本軍以上の悪を為したアメリカを公平に批判すべきところを、所詮、「考える」能力のないメカケには、旦那に逆らうという発想は生まれようがないのである。つまり彼らは単に臆病風に吹かれたサルに過ぎぬのである。

そんな日本人であるから、西洋の学問の意味が分からない。

話をサルから始めれば、それは本能の下にピラミッド型権力構造を築き、それによって群れの統治を行っている。そこから進化したヒトは、その初期にあっては（古代ヨーロッパは）サル同様の権力構造であっても「考える」ことができ、しかも食糧難にあっては、その奪い合いのための戦争・略奪が多発化することで、民の心（歴史的古層）はヤクザ（個人主義＝ニヒリズム）化することになり、社会は無秩序化した。その社会を「私は考える」ことによって、そこから戦争・略奪社会における権力構造を見直すと共に、公秩序としての公民道徳のようなものを「考える」＝「学問する」ことの必要性が生じた。それが哲学、政治学の興りであり、それを最もよく表しているのが、プラトンの対話による思想（哲学）である。つまりそれは人との対話を通して、公民道徳としての秩序を作り出そうとしたのであって、古代ギリシャに民主主義という思想が芽生えたのは、決して偶然ではない。そしてそこにソクラテスが法秩序の下に、自ら進んで毒杯を仰いだのも、後世に公民道徳としての秩序規範を残さんがためであった。しかし民主政治をやってはみたもののまったく上手くゆかなかったのは、ヨーロッパ文明は古代からすでにニヒリズムに犯されていたからである。その後、近代に至るまで民主主義は復権しなかった。

その後、ヨーロッパにおいて、道徳規範となったのは、キリスト教によるローマ教皇の権威であり、それを支持するための神学であって——後にその「神学の侍女(はしため)」から哲学が興ってくる——その学問の根拠を基に、彼らは絶対的権力を振るい得たのである。が、その後カトリックの腐敗からプロテスタントが興ると共に、諸王の離反も起こることになった。

これらは単に宗教の問題ではなく、宗教による個人の存在意識の問題でもあったのである。つまりヨーロッパにおける学問は、その戦争社会にあって、社会と個人との間の公的道徳社会規範を確立することにあったのである。確かに彼らには理想もあったが、しかしそれ以上に彼らの根底に横たわっていたニヒリズム（ヤクザ性）がそれを妨げた。

たとえば近代に再び興った民主主義は、単に市民に主権を与えると言うことではなく、資本主義が富を求めて戦争に走ることで、徴兵制を強めることに根拠があったのであって、それは大英帝国によく示されている。大英帝国をして、かつて海賊国家と称されたのは、海に覇権をもち、徴兵制も、憲法もなかった（不文憲法であった）のはそのためである。海賊がそんなものを持たぬのは、ヤクザと同様である。つまり西洋社会は、その歴史的古層にヤクザ性（ニヒリズム）を帯び、そこから公的社会道徳規範としての思想が生み出されただけだから、みな上手くゆかなかったのである。

それはアメリカ民主主義が、どう見ても劣悪なものであるにも拘わらず、それを賛美する日本人とは、洗脳された寄り縋りメカケ根性でしか見れぬから、そう見えるのである。メカケと言うより、もはや廃人に近いから寄り縋る以上の知恵を持たぬのである。

それに私には、民主主義が世界的に大きく誤解されているように思われてならない。その理由の一つに、そんなに良い政治思想なら古代ギリシャ以来、今日まで廃れてきたはずがない、ということもあるが、今ここで触れるのはその点ではない。それは専制主義が民主主義に対立する概念であるかのように、見做されていることについてである。私には西洋（ここではアメリカ）の民主主義が、あたかも党という巨大ヤクザ同士が、民主主義という名の公的政治秩序規範の下に党利のために莫大な費用をかけて行う、半ば私利追求の政治制度にしか見えぬことである。言い換えれば、民主・共和どちらの党から大統領（組長）が選ばれようとも、それは一部の組員が潤うだけだ、ということである。つまり末端の極貧者の（また超富裕層の）生活はなんら変わらぬのである。むろんそれで良しとするのが民主主義、と言うより西洋人の歴史的古層であり、そうした専制的体質が、フランス革命におけるクロムウェル党独裁、ロシア革命のプロレタリア独裁に繋がるものと私は考える。

むろん私はアメリカにそのようなことが起こるとは思っていない。なぜなら、民主主義が建国の理念だからである。しかし今日の資本主義が、奴隷制という歴史的古層に由来するが故に、彼らが超格差社会を改めるという思考も生まれようがない。そして彼らが、民主主義が生み出したヒトラーを、躍起になって否定するのは、彼らの歴史的古層に無意識にも、彼と同質のものを内に秘めているからだと思われる。

私の民主主義理解は、アメリカでいえば、二大専制政党（ヤクザ政党）を選挙による政権交代を可能にすることによって、真の専制政治を避けようと——互いに牽制することで——したものと解する。

が、その前になぜ西洋に専制政治が生まれたかについて述べれば、古代ヨーロッパ人の「私」が虚無（ニヒル）を孕んだ歴史的古層を持つことに由来している（従って日本人には専制政治以前に政治学そのものが、意味を成さない。それは同時に、日本のような無党派層を生み出すということは、民主主義でないことを意味する）。

その真の専制主義を避けることが、民主主義の基本理念だとすれば、チャーチルがそれを「最低だが、これしかない」と概評したのも理解できる。つまり民主主義を国是とし、個をもつアメリカ市民は、その歴史的古層にある戦争、略奪、数学に基づく破壊・欲望から、極めて自然に、戦争、欲望の方へ走ることになるのである。それが民主主義のもつ隠れ専制であり、それが市民の歴史的古層に、専制政治制御としての二大政党制を取らせることで（どちらにしてもそう変わらぬのだが）公的政治秩序規範として埋め込まれたのである。従って彼らの政治学は、半ば自然に民主主義へ至ったのである。そうであれば、日本の場合とまったく違うのは明らかだろう。つまり民主主義は進歩思想であって、進化を生きる日本人には決してマネできぬことは、日本議会の多党の乱立状態からも明らかだろう。

そこから近年、アメリカに起こった不正選挙投票疑惑、また議会への暴徒乱入事件は、アメリカ民主主義を成り立たせている公的政治秩序規範の「けじめ」が破られた、ということであり、それは日本人が考えるような軽いものではないのである。

そして日本においてその「けじめ」が付けられぬということは、民主主義がまったく機能していない、ということである。私に言わせれば機能するわけがないのだが、戦後の猿マネ暗記ザルに言っても仕方のないことである。

それはたとえば日本共産党という、反民主主義（今日の民主主義は資本主義の上に成り立っている）勢力が議会に存在すること自体、真面ではないということである。いったい民主的共産主義とはなんぞや、である。共産主義国家のすべてが独裁に走るというのに。アメリカでは過去に、民主主義国家としての「けじめ」を付けるため「レッド・パージ」（マッカーシズム）が行われた。

またロシアの民主主義が、プーチンの専制的政治を国民が支持しているのも、さらにヒトラーを生み出したのが民主主義であることを思い出せば、民主主義を公的政治秩序規範とするには、問題があると私は思う。もっとも日本の民主主義は問題外だが。日本のそれは、公的政治秩序規範などなく、「村」人のやる民主主義ゴッコであるから、「けじめ」もなにもなく、議会に日本共産党が存在し、政治家は悪事を働いても逃げ果せるのである。西洋においては、宗教（罪のそれ）による個人の内面に対する公的政治道徳秩序規範が働くから、日本のように頭を下げて謝罪すれば済む、というような問題ではないのである。日本「村」人の頭は、大江、朝日新聞に見られるように、ぐちゃぐちゃだから、それを纏めるために西洋猿マネ暗記ザルとしての、民主主義をやっているにすぎない。日本人は個を生きていないから、西洋人のように宗教に基づく公的政治道徳秩序規範などもっていない。つまり日本の民主主義は名ばかりのものなのである。

対して西洋に学問として哲学、政治学等が発達したのは、彼らはそこに公的政治道徳秩序規範を求めるしかなかったからである。共産主義も例外ではないが、しかし彼らは自らの歴史的古層にあるニヒリズムに気づくようには、思想進歩しなかったから、すべて御破算になってしまうのである。

そうであれば、戦後の日本「村」人の西洋猿マネ暗記ザルには、西洋の学問の意味がまったく分かっていないことになる。日本「村」人の歴史的古層は、西洋のヤクザ・ニヒリズムとはまったく無縁であって、ただ西洋思想に寄り縋るメカケ根性として暗記することを学問（そんな意識すらないが）だと、思っているだけのことである。つまり「考える」能力もなく、寄り縋るだけのメカケだから、憲法一つ変えようとしないのである。学問がないからである。


日本において学問が確実にあった、と言えるのは江戸時代までである。しかも今日のそれは金儲けのためのものであるから、暗記ザルでよいのである。

学問とは基本的に民の心を富ませ、国を守るためのものであり、それは江戸時代にあっては庶民にまで行き渡っていた。が、それは本来、武士の「士風の維持は万世の要なり」であって、今日のように政治家までが詐欺まがいのことまでして、金を儲けようとするのは、空っぽの頭の「村」人だからである。

学問のなんであるかは、幕末の長州における玉木文之進と吉田松陰との師弟関係に見られる逸話が物語っている（その逸話が本当であったかどうかはともかく、日本における学問の本質を突いている）。

それは師・玉木が松陰に『論語』の講義を行っていたときに起こったことである。たまたま松陰の頰近くに虫が飛来し、彼がそれを無意識に手で払い退けたとき、玉木の鉄拳が松陰の頰を打ったのである。そして玉木は言った。「今、お前は公事をやっているのだ、そこに私事を挟むとは何事だ」と。つまり武士たるものは、公道徳としての規範を垂れるべき存在であって、そこに断じて私事（私益）を挟んではならぬ、という師の弟子への戒めだったのである。そして松陰はその教えどおり、公心の下に死んだ。人は私心の下では死ねぬが（自殺だけである）、公心があればそれが可能なのである。幕末、多くの武士が、そして戦後、三島が公心のために死んだ。学問とは命懸けの仕事であり、「逃げ走る」「村」人のするところのものではない。その意味では私にとって、暗殺死は最も望ましいものである。

そこから浮かんでくるのは、西洋文明にはその歴史的古層（ニヒリズムを孕んだ戦争、略奪、破壊、欲望）において、ほとんど武士のような公道徳心がない、ということである（戦後の日本人にもないが）。だからアダム・スミスは『道徳感情論』を書き、チャーチルは民主主義をして「最低だが、これしかない」と概評したのである。つまり民に公道徳心があれば、民主主義などという最低な政治思想は必要ないのである。だから、いまだに日本人は哲学同様、政治学を理解しないのである。武士にはむろん必要ないし、「逃げ走る」「村」人には意味を成さない。日本人は進化を生きているからであって、そのことは、デカルトがトリックを用いて「私」を作った意味が分からず――言い換えれば、哲学を解せず――従ってそれは「私は考える」ことができぬ、ということであり、日本人にできるのは「空気」を読むことだけである。そのことは、日本人に「私」より成る政治学などまったく理解できず、理解しているのは「空気」の政治学であって、それは事実上、政治学＝民主主義以上の思考ができぬ、ということである。

もし日本人に「考える」能力があれば、どこの馬の骨とも分からぬ――口先人間かもしれぬ――人間を選挙によって選ぶことの危険性を考えただろう。古代ギリシャ人はそれを実体験することによって廃し、近代においてはヒトラーを生み出しているのである。

そのことはもし日本人のなかに、政治学を真に理解する者があるのなら（哲学する能力があるのなら）、民主主義とはその学問上の一政治形態にすぎぬことを理解し、「私」を持たぬ日本国民に合ったそれを模索したであろう。と言ったところで、公的道徳政治規範を「村」人が理解するのは、朝日新聞、大江の例からも無理だろう。ただ日本人は『古事記』以来の歴史的古層を、群れ本能的価値として持ち、今日、武士が存在しなくともある程度、維持できているのは、その本能的価値のもつ「空気」としてそれを持っているからである。が、木村が例外とされるように、空っぽのくせに自分の頭で考えていると思っているインテリほど、「空気」によって洗脳されやすいのは、朝日新聞、大江の示すところである。つまりそういう人間しかおらぬということは、この国は統治者のいない亡国だ、ということである。

このことは、大東亜戦争とは「殺人、散財は一時の禍にして」であるとし、政治・軍事といった公事に係わることは、「士風」と「公道徳心」とをもった「考える」者に委ねなければ、目下の自民党の裏金献金問題、また「翼の党」の党首が選挙妨害で逮捕されるというような、前代未聞の政治における「けじめ」のない無秩序状態から脱することはできまい。

つまり民主主義を生み出せるような歴史的古層をもたぬ日本人に、民主主義を公的道徳秩序規範とすることは適わず、所詮、ゴッコに終わってしまうということである。なぜなら日本人には、民主主義を歴史的古層において支えるキリスト教のような罪の宗教がないからである。

日本人にとって、民主主義は「最低にして『考える』能力があれば、外にもある」種のものであり、日本はすでに廃人亡国と言ってもよい。

と、ここまで書いてきて私は何十年と続いてきた心身の病（いわゆる精神病とは異なる）――大病中および今の施設に入った当初は治っていたものが――俄に甦り、もはや書くに耐えられなくなったので暫しペンを措く。

前に耐えられたものが、今度は駄目だと感ぜられたのは、性質が違うからのように思われる。以前は虚無であったが、今回は心が汚いものに接し、心身（歴史的古層）が悲鳴を上げているように思われる。だから漱石同様、小説ではないが「こころ」について書き、それは失敗作に終わったが、結局そこに行き着くことになった。

※

その汚いものとは、西洋キリスト教幽霊文明であり、ニーチェも彼なりにその種のものを感じたのではないかと思う。そしてその汚い文明に平気で染まっていったのが、日教組の先導による教育法によって心を失った戦後の日本人である。彼らは幽霊文明の思想を暗記することで、欲のために平気で嘘をつくようになった。朝日新聞、大江などはその先駆けであり、木村のような（三島も同じ）根っからの日本人はそれを嫌った。

私は苦痛から逃れたいがため『論語』に救いを求め、それは応えてくれた。私は施設に入るとき、数冊の思想書しかもってきていなかったが、そこに『論語』が入っていたということは、その予感があったということだろう。

その予感というのは、これまで再三述べてきた福沢の母親の逸話が関係している。それは彼女が臭くて汚い、しかも頭のおかしい虱だらけのチエと呼ばれている乞食女の虱を取ってやることを楽しみにし、取らせてくれた褒美に飯を食わせてやることである。そしてそこに息子である諭吉も駆り出されることになるのだが、彼にはそれが嫌で嫌で、今思い出しても胸が悪くなると『福翁自伝』で回顧している。

『論語』を通読して私が感じたことは、戦後の日本人には学問というものが、まったく分かっておらぬことである。つまり西洋のそれがヤクザ社会の学問であり、それ故、たとえばソクラテスは毒杯を仰いで「示し」をつけ、また共産主義という一見、理想的に見える学問も生まれたが、なにせ彼らの歴史的古層には、ニヒリズムがあったから、すべて上手くゆかなかった。

対して日本人の歴史的古層にニヒリズムはない。それはキリスト教徒がほとんど存在せず、存在しても彼らのそれが和製であることは、遠藤周作が告白している。つまり日本人に適した学問は、『論語』のような書物なのである。日本で西洋ヤクザに近かったのは、武士だけであり、明治維新を機に多くの武士がキリスト教に転向していることからも明らかである。

だから『論語』は私のなかに、すーっと入って来、福沢の母親の話は、初めこそ謎だったが、どこか通じるものがあり私に執拗に迫ってきたのである。そんなであるから、『論語』巻第一の冒頭の「朋（とも）あり、遠方より来たる、亦（ま）た楽しからずや」が「チエあり、遠方より来たる、亦た楽しからずや」に読めてきてしまったのである。そんなわけであるから、私は『論語』を金谷治訳注で読んでいるが、私の読み方はある意味まったくのでたらめで、私は『論語』をダシに「己の立てるところを掘」っているだけ、と言ってもよい。

私の本の読み方は、一寸でも怪しいと思ったら、とことん掘り下げるのである。私はそれでいいと思っている。私の学生時代の勉強嫌いは、暗記ザルになることを嫌ったのだから。

私がそのように読んだのは、当時の幕末の日本において福沢のような武士の目は西洋に向けられていたが、彼の母親のような庶民（彼女は一応武士の妻だった）は、その空っぽ頭を『論語』のような価値観が占めていたのではないか、という勘が働いたのである。その勘は『逝きし世の面影』が描くところの、西洋人から見た異常に美しく、素朴な日本人の姿が那辺から来ているのか、という疑問でもあった。

『論語』は頭で考えても分からぬ書物である。頭で考えると損得勘定が入るからである。それが「論語読みの論語知らず」を生み出すことになる。福沢の母親は、ある意味白痴のように、チエを可哀相とも思わなかっただろう。群れ本能的価値を生きる「村」人は、そも自他の区別がつかなかった。もし区別がついたら、チエは臭くて汚い存在となるが、彼女はチエを一面自分事のように思えたのである。だから臭くて汚いことも気にならず、虱取りを楽しめたのである。そしてその褒美に飯を食わせることまでした。

加えて日本には、損得勘定抜きの人の道の思想がある。それは古代より日本は森の国であり、人は道を切り開くことで一つに集った。従って日本人の歴史的古層には、道を行くことを修行とする価値観が眠っている。それはたとえば武者修行が武士道に繋がる所以であり、従って何々道とは修行の謂であり、同時に人の道でもあったのである。

またたとえば遍路とは、空海の修行の道を歩くことであり、さらに芭蕉は『奥の細道』を行くことで俳諧修行を深めようとしたのである。芭蕉はそこに次のような一文を残している。

古人も多く旅に死せるあり。予もいづれの年よりか、片雲の風にさそはれて、漂泊の思ひやまず、……

そしてそれはまた、利益を追求すべき商人にあっても、梅岩の石門心学のように「生まれながらの正直」を道の根本に置いた所以である。

これらは『論語』の次のような道とそう遠くない。

子の曰わく、朝に道を聞きては、夕べに死すとも可なり。

「朝〔正しい真実の〕道が聞けたら、その晩に死んでもよろしいね」

これが本当の学問の道である。「逃げ走る」「客分」のやることではない。

さらに先に挙げた『論語』の冒頭の全文を挙げ、残りの部分に私の勝手な解を記す。

子の曰わく、学びて時にこれを習う、亦た説ばしからずや。朋あり、遠方より来たる、亦た楽しからずや。人知らずして慍みず、亦た君子ならずや。

「学んでは適当な時期におさらいする、いかにも心嬉しいことだね。〔そのたびに理解が深まって向上していくのだから。〕だれか友だちが遠い所からもたずねて来る、いかにも楽しいことだね。〔同じ道について語りあえるから。〕人が分かってくれなくとも気にかけない、いかにも君子(くんし)だね。(凡人にできないことだから。)」

これを三段に分けて述べれば、一段目は何度おさらいしても、自分で「考える」ことができなければ意味がない。従っておさらいをすることは、「考える」能力を身につけようと努力し、そこからおさらいによって向上を深めてゆくことである。

しかし戦後の日本人はGHQによる悪質なパージを伴った洗脳によって、日教組を通して彼らに都合のよい、質の悪い思想を空っぽ頭に注ぎ込まれた結果、当然その自覚も起こらぬ日本人は、自らの社会的意識の壁という現実を、何事も金(かね)次第という質の悪いそれに変える——そのことによって、良質の歴史的古層を生きてきた日本人のなかには、その齟齬に苦しむ人間も現れる——ような世界にしていくことになった。しかも学ぶといっても、金のために猿マネ暗記ザルになるためだけだから、少しも心嬉しいことではない。それはもはや学問の世界ではないから、おさらいのしようもない。しかも戦後は、パージされなかった空っぽ頭の猿マネ暗記ザルしかいないから、まったく理解を深め向上するようなことも有り得なかった。従って社会には西洋を猿マネすることによって凶悪犯罪は増え、子供の楽園等は失われてゆくことになった。

二段目については、すでに述べた以上の解をもたない。ただ戦後の日本人に比べれば、福沢の母親は君子と言っていいかもしれぬが、それはまた戦後の廃人性にも繋がるものである。

三段目に至っては、戦後の日本人は他人(ひと)が分かってくれることによって、金を得ることにしか興味がもてなくなった。『奇跡のリンゴ』の木村が失敗し自殺していたら、彼は単なるバカで終わっていたはずである。彼は他人(ひと)に知ってもらおうとしてあのようなことをしたのではなく、日本農民の歴史と伝統とに沿って行っただけなのである。これが日本の学問の道である。

そして私に関して言えば、世間の人々が社会的意識の壁という現実（たとえばインターネットの世界＝幽霊世界）を生きているのに対し、私はその意識を作り出している源の肉体の無にしか興味がなかったから、分かってもらおうなどとは思わなかった。というより無理だと思っていた。

子、子夏に謂いて曰わく、女、君子の儒と為れ、小人の儒と為ること無かれ。
「お前は君子としての学者になりなさい。小人の学者にはならないように」

木村や三島は、戦後のＧＨＱのパージを伴った洗脳によって一様に西洋猿マネ暗記ザル化した日本人から、真の日本人（江戸時代人）に戻った、ということである。君子の学者は金にもならず、多くは命に係わるが、小人の学者は食うに困らない道を行く。それが江戸時代には学問はあったが、戦後は死語になった理由である。
なお、ニーチェの超人は仁の人（君子の儒）、また末人は小人くらいに解すればいいと思う。

子の曰わく、衆これを悪むも必ず察し、衆これを好むも必ず察す。

「大勢（おおぜい）が憎むときも必ず調べてみるし、大勢が好むときも必ず調べてみる〈盲従はしない〉」

これは先に述べてきたことと結びつければ、朝日新聞、大江らの調べもしない態度である。そして政治家は平気で悪事をなし、その責任を取ろうともしない。これは戦後、士風という学問の要を失った結果、彼らは金を追って盲従するのである。それは『奇跡のリンゴ』への盲従（ベストセラー）も同様であって、木村が失敗していたら、ということを察しない。『論語』くらい読めよ、と言いたくなる。

そんな戦後の日本人であるから、次のような文に行き当たる。

子の曰（のたま）わく、如之何（いかん）、如之何（いかん）と曰（い）わざる者は、吾れ如之何（いかん）ともすること末（な）きのみ。

「『どうしようか、どうしようか』といわないような者は、わたしにもどうしようもないねえ」

当然、戦後の空っぽ頭の猿マネ暗記ザルの頭に――「考える」能力はないから――「どうしようか」という「考え」は出てこない。つまりこの国はすでに「どうしようもないねえ」ということである。

あとがき

穢れし身　火葬の炎に包まれし吾が志の　輝けしとき

令和六年端午

著者プロフィール

堀江 秀治（ほりえ しゅうじ）

昭和21年生まれ。東京都出身、在住。
慶應義塾大学を卒業、その後家業を継ぐ。
特筆に値する著書なし。

「考える」ということ　西洋キリスト教幽霊文明

2024年12月15日　初版第1刷発行

著　者　堀江 秀治
発行者　瓜谷 綱延
発行所　株式会社文芸社
〒160-0022　東京都新宿区新宿1－10－1
電話　03-5369-3060（代表）
03-5369-2299（販売）

印刷所　TOPPANクロレ株式会社

ISBN978-4-286-25937-6